DIE EHRWÜRDIGE

Die Dinge erscheinen und lösen sich wieder auf.
Glücklich, wer sie friedvoll einfach nur betrachtet.
Buddha

Ein Buch über Frauen,
deren spirituelles Verlangen es ihnen ermöglichte,
Grenzen zu überschreiten
und neue Horizonte zu entdecken

Anne Siegel

Die Ehrwürdige

Kelsang Wangmo aus Deutschland
wird zur ersten weiblichen Gelehrten
des tibetischen Buddhismus

Mit einem Vorwort vom
Dalai Lama

SALZBURG – MÜNCHEN

Für Sigga

1.Auflage
© 2017 Benevento Publishing,
eine Marke der Red Bull Media House GmbH,
Wals bei Salzburg

Medieninhaber, Verleger und Herausgeber:
Red Bull Media House GmbH
Oberst-Lepperdinger-Straße 11–15
5071 Wals bei Salzburg, Österreich

Lektorat: Antje Steinhäuser
Satz: MEDIA DESIGN: RIZNER.AT
Gesetzt aus Minion, Didot
Umschlaggestaltung: b3K design, Andrea Schneider, diceindustries
Printed in Slovakia
ISBN 978-3-7109-0009-9

Inhalt

Vorwort

THE DALAI LAMA

Als der Ehrwürdigen Kelsang Wangmo im Jahre 2011 hier in Dharamsala durch das Institut für Buddhistische Dialektik (IBD) der Geshe-Titel verliehen wurde, fanden über zwei Jahrzehnte konsequenten Studierens in der Tradition des tibetischen Buddhismus ihren krönenden Abschluss.

Der Buddhismus etablierte sich erst im 8. Jahrhundert nach Christus in Tibet, nachdem der tibetische Kaiser Trisong Detsen den indischen Meister Shantarakshita in das Land des Schnees eingeladen hatte. Als Philosoph, Logiker und vorbildlicher Mönch stand Shantarakshita für all die vornehmen Qualitäten, die damals an der indischen Nalanda-Universität vorherrschten. Von Beginn an verkörperte er die Lehren Buddhas als ein auf Vernunft und Verstehen begründetes Studium, bei dem Urteilsfähigkeit, Besinnung und Meditation vermittelt wurden, nicht nur um zu verstehen, sondern auch um der Erkenntnisfreude und Einsicht willen.

Ebenso wie frühe Nalanda-Schüler, als da wären Nagarjuna, Aryadeva und Chandrakirti, folgte Shantarakshita den schon in der Kalama Sutra verfassten Unterweisungen Buddhas: »Oh, Gelehrte und Mönche, so wie das Gold durch Entflammen, Schneiden und Reiben in seiner Konsistenz unter Beweis gestellt wird, so prüft meine Worte hier auf die Wahrheit und akzeptiert sie nur dann und nicht bloß aus Respekt vor mir.«

In Tibet verlassen wir uns nicht ohne Grund auf das fleißige Studieren und Praktizieren. Es ist seit unzähligen Generationen diese Überlieferung gewissenhaften Studierens und Praktizierens, die die Nalanda-Tradition in den tibetischen Zentren des Lernens lebendig hält. Dieses Einüben führte in den vergangenen Jahren auch dazu, dass tibetisches Klosterleben und moderne Wissenschaft eine fruchtbare Verbindung miteinander eingingen.

Zusätzlich zur Ordination und Einführung der ersten sieben Mönche Tibets initiierte Shantarakshita die Übersetzung der indisch-buddhistischen Lehre ins Tibetische. Durch dieses große Unterfangen entwickelte sich die tibetische Sprache weiter und wurde noch reicher. Als Folge davon entwickelte sie sich zum exaktesten Medium, das wir heute in den Diskussionen und im Austausch buddhistischen Denkens kennen.

In unseren ersten Jahren des Exils war es für Mönche, die Tibet verlassen hatten, sehr mühsam, ihre Studienroutine aufrechtzuerhalten. Sie lasen und studierten weiter die Urtexte, lernten sie auswendig, studierten die Kommentare. Sie untersuchten weiterhin eingehend das, was sie erlernt hatten, und verteidigten es in den Debatten, die sie miteinander führten. Als die ersten tibetischen Siedlungen schließlich wieder errichtet worden waren und sich auch das klösterliche Leben im Exil langsam wieder etablieren konnte, wollte ich die Studienmöglichkeiten deshalb erweitern. Ich ermutigte etablierte Institutionen, wie die Klöster Namgyal, Gyuto und Gyurme, die sich auf die Bewahrung alter Rituale verstanden, sich zu Studienzentren zu entwickeln. Auch Nonnenklöster zählten zu den Institutionen, denen ich Studienprogramme empfahl.

Das IBD wurde 1973 gegründet, um den Studenten, die bereits eine moderne Ausbildung erhalten hatten, ebenso eine traditionelle buddhistische Studienmöglichkeit zu eröffnen.

Die Folge ist, dass wir heute auch Nonnen haben, die sich nach mehr als zwanzig Jahren des Studiums als Geshemas qualifizierten. Sie sind darauf vorbereitet, genauso zu unterrichten und weiterzuforschen wie die Mönche, die sich entweder noch immer dem philosophischen Denken im klassischen Sinne widmen oder deren Denken trotz des traditionellen Studiums längst einen modernen Weg einschlägt.

Während die Nalanda-Universität heute vor allem für Studenten aus China, Zentral- und Südostasien attraktiv ist, orientieren sich die Studenten aus der Mongolei und den höheren Himalaya-Regionen eher an tibetischen Lehrstühlen und fühlen sich hingezogen zu unseren Lehreinrichtungen, die sich erst im Exil wieder etablieren konnten.

Im Fall des IBD kamen die Studenten schon mit seiner Gründung auch aus Europa und Nordamerika. Diese Tradition hat sich fortgesetzt.

Kelsang Wangmo, deren Geschichte dieses Buch erzählt, stammt aus Deutschland. In den frühen Neunzigerjahren unterzog sie sich einer Ordination als buddhistische Nonne, begann, Tibetisch zu lernen, und studierte am Lehrkörper des IBD. Sie arbeitete hart und überwand dabei manche Schwierigkeiten, die sich ihr stellten. Dabei erwies sie sich als eines der herausragendsten Mitglieder ihres Jahrgangs. Vor sechs Jahren bewies sie sich dort erneut in den zu absolvierenden Examen und war die erste und einzige Frau in der Abschlussklasse, der am IBD der Geshe-Titel verliehen wurde.

Immer dann wenn sich mir heutzutage die Möglichkeit bietet, ermuntere ich diejenigen, die Buddha verehren, dass sie wirkliche Buddhisten des 21. Jahrhunderts werden sollen, nicht nur um den Glauben an Buddha zu finden, sondern auch, um zu verstehen, wer er wirklich war.

Viele Leser, im Osten ebenso wie im Westen der Welt, werden sich von dieser Geschichte voller Gewissenhaftigkeit und Entschlossenheit inspiriert fühlen, dieser Geschichte, mit der erzählt wird, wie Kelsang Wangmo es schaffte, zur Lehrerin einer alten buddhistischen Tradition im 21. Jahrhundert zu werden.

Seine Heiligkeit der 14. Dalai Lama
20. Mai 2017

Prolog

Die Zukunft des
Buddhismus ist weiblich

Der Tag, an dem Kelsang Wangmo offiziell in den Rang einer Gelehrten des tibetischen Buddhismus, einer Geshe, erhoben wurde und den Titel der Doktorin in tibetisch-buddhistischer Metaphysik entgegennahm, war von einzigartiger Bedeutsamkeit. Denn in der über zweitausendfünfhundert Jahre alten Geschichte des Buddhismus war eine solche Ehre noch niemals einer Frau zuteilgeworden.

Im April 2011, als die Frau im rotgelben Gewand in Dharamsala im Institut für Buddhistische Dialektik vor das Mikrofon trat, lag es fast dreiundzwanzig Jahre zurück, dass sie als Kerstin Brummenbaum, die 1971 im Rheinland geborene Deutsche, ihre Heimat verlassen hatte.

Hunderte Männer und Frauen hörten ihr zu, als sie begann: »Heute, im Rahmen der Geshe-Zeremonie des Instituts für Buddhistische Dialektik, möchte ich die Chance ergreifen, allen hier Versammelten vom tiefsten Grund meines Herzens Danke zu sagen. Ich bin glücklich und dankbar dafür, dass diese große, schwere Tür sich öffnen ließ, die unsere Chancen auf Schule,

Ausbildung und die Möglichkeiten vergrößert und die von nun an auch Frauen mit einem abgeschlossenen Studium in der tibetisch-buddhistischen Philosophie einen Abschluss gewährt.«

Es kam tatsächlich einem kleinen Wunder gleich, dass dort in Dharamsala unter dem Gesang Hunderter Mönche, die in gelben und roten Roben am Boden saßen, eine Frau aus Deutschland das Wort ergriffen hatte.

Was für ihre männlichen Studienkollegen selbstverständlich war, hätte ihr, einer der ersten Frauen, die tibetische Philosophie in Dharamsala studiert hatten, traditionsgemäß eigentlich verwehrt bleiben sollen, aber der Dalai Lama hatte offenbar andere Pläne mit der Deutschen gehabt.

Die Zeitenwende, nach der das Frausein kein Hindernis mehr auf dem Weg zur Erleuchtung darstellte, hatte gerade erst stattgefunden – und das verdankt der moderne tibetische Buddhismus vor allem auch kämpferischen Nonnen aus dem Westen. Diese Frauen schlagen Brücken zwischen beiden Kontinenten und bestärken aufgrund der immer größer werdenden »Nachfrage« aus westlichen Ländern eine Tradition, die der tibetische Buddhismus überhaupt erst durch sie wiederfindet.

Wenn die westlichen Schwestern nun auch im Namen ihrer tibetischen Nonnenschwestern der weiblichen Seite des Buddhismus aus dem Schatten mehrerer Tausend Jahre verhelfen, so geschieht dies nicht etwa, um die Mönche zu dominieren, sondern um eine partnerschaftliche Gemeinschaft im Sinne Buddhas zu fördern.

Während die großen Männerklöster Ausbildungen garantierten, in denen die Mönche zum Beispiel die Kunst der Debatte erlernten, wurde bisher längst nicht allen tibetischen

Nonnen die Chance auf Bildung gewährt. Oft wurden sie für niedere Arbeiten, sogar zum Bedienen der Mönche, herangezogen, oder sie kümmerten sich um die Gemeinden, in denen die Klöster lagen. Sie hielten den Kontakt zu den umliegenden Orten und kochten und wuschen oft mehr, als dass sie beteten.

Auch waren ihre Gebete und Rituale schlichter als die der Mönche. Was insofern konsequent war, als viele von ihnen nicht einmal Lesen und Schreiben lernten – es durfte also gar nicht zu kompliziert werden. Im Vergleich dazu erscheinen die modernen westlichen Nonnen heute wie kraftvolle Ausnahmeerscheinungen. Sie haben sich mutig auf den Weg gemacht und stellen sich der Aufgabe, die Rolle der Frau im Buddhismus zu stärken.

Damit stehen sie in einer wichtigen Tradition: Prajnaparamita ist die vollkommene Form des transzendenten Wissens, der höchsten Weisheit. Sie gilt als das Prinzip des Urgrunds, der Schoß des Seins, und damit folgerichtig des Urweiblichen. Das Prinzip, das dahintersteckt, ist geschlechtslos, aber da diese Urmutter die Macht hat zu gebären, steht sie im tibetischen Buddhismus für das Weibliche und den Anfang.

Den Anfängen und der Tradition, die bis heute besonders von starken Frauen verkörpert und gelebt wird, versuchen wir, im Folgenden auf die Spur zu kommen. Dabei werden sich zentrale Fragen stellen, die in den folgenden Kapiteln eine Antwort finden:

Wer waren die Urprinzipien und die Urmütter dieses tibetischen Buddhismus, und warum erinnern gerade Frauen aus dem Westen heute an sie?

Wie kann es sein, dass die jüngste Form des Buddhismus ausgerechnet nach der brutalen Vertreibung ihrer Anhängerinnen und Anhänger aus dem Land Tibet, Ende der Fünfzigerjahre, heute mehr boomt als je zuvor?

Und was hat das alles mit dem Mann zu tun, der als Bauernkind im Nordosten Tibets geboren wurde, sich als 14. Reinkarnation des Dalai Lama erwies, und der von sich sagt: »Ich bin nur ein einfacher Mönch.«?

Kelsang Wangmo sagt: »Die große, schwere Tür ist geöffnet.« Sie gibt den Weg frei für einen neuen Akzent in der Geschichte des tibetischen Buddhismus sowie der Spiritualität engagierter Frauen auf der ganzen Welt.

KAPITEL 1

»Buddhistin sein bedeutet, heimatlos zu werden.«

Frauen in der buddhistischen Welt

Oh Göttliche Dorje Phagmo,
Ich, die ich nicht verheiratet werden will,
die ich nicht in Liebe wandle mit der Welt.
Ordiniere mich als Nonne und nimm mich in Deine Obhut.

Aus einem tibetischen Lied

Bis heute wird der tibetische Buddhismus vor allem von Männern repräsentiert. Da sitzen auf der einen Seite alte Lamas und ganze Heerscharen junger Mönche, auf der anderen Seite sind unter ihrer Anhängerschaft, insbesondere im Westen, mehr Frauen als Männer auf Vorträgen, Retreats und Audienzen zu finden. Die volle Ordination für Frauen ist auch heute, nach etwa tausendzweihundert Jahren klösterlicher Tradition in Tibet, noch immer nicht möglich, aber eine Vision für die Zukunft. Mit der Ernennung Kelsang Wangmos zur Geshe wird das System zum ersten Mal aufgebrochen.

Sie war die erste Frau der Welt, die das Studium der tibetisch-buddhistischen Philosophie absolvierte und es nach siebzehn Jahren mit dem Geshe-Titel abschloss. Ein Titel, der in der buddhistischen Philosophie dem akademischen Grad eines Doktors entspricht.

Kelsang Wangmo selbst erfuhr erst kurz vor dem Studienabschluss, dass ihr dieser Titel verliehen werden sollte, und sagt heute: »Ich habe bis zum letzten Moment nicht daran geglaubt.«

Kelsang Wangmo repräsentiert den neuen Aufbruch der Frauen im Buddhismus. An ihr wurde ein spannendes Exempel statuiert, dem nun andere Frauen folgen können. Ende 2016 wurden die ersten weiblichen Geshes nach ihr geweiht.

Die Ernennung Kelsang Wangmos bedurfte einer langen Vorbereitung. Eine Kommission der spirituellen Gemeinschaft der Exiltibeter hatte fast vier Jahrzehnte hinter verschlossenen Türen untersucht, ob Frauen den Geshe-Titel erhalten können. 2011 war die Untersuchung abgeschlossen, und Kelsang Wangmo, die eigentlich nur ihren Studienabschluss erwartete, nicht aber den Titel, erfuhr, dass sie sich nun als erste Frau der Welt auch Geshe nennen durfte und damit den Titel offiziell erhielt.

Hinter ihr lag so etwas wie ein Kampf, denn sie hatte mit dem Fach Buddhistische Philosophie eine Disziplin studiert und abgeschlossen, in der sie als erste Frau mitunter größere Hindernisse zu überwinden hatte. Manche Unterrichtsinhalte mussten ihr ihre männlichen Kommilitonen erst zugänglich machen, da sie ihr selbst zunächst verwehrt wurden.

Aber sie hielt durch, denn sie wusste, dass Frauen bereits seit mehr als tausend Jahren eine wichtige Rolle bei der Entwicklung der buddhistischen Tradition in Tibet gespielt haben.

Der Buddhismus schaffte es erst etwa im 8. Jahrhundert und in einer größeren Welle im 11. und 12. Jahrhundert nach Tibet. In Indien und China hatten sich die großen buddhistischen Linien zu dieser Zeit längst etabliert. Und auch wenn der tibetische Buddhismus, wie wir ihn heute erleben, sehr männlich geprägt erscheinen mag, standen an seinem Anbeginn doch wichtige Frauen.

Ähnlich wie im Christentum waren es aber auch hier zunächst die Mönche, die im Lauf der Jahrhunderte in den Klöstern die Schriften interpretierten und die das Privileg des

Studiums genossen. Und doch gab es sehr früh auch praktizierende Frauen an anderen Orten, lange bevor die Kunde vom Buddhismus Tibet erreichte, beispielsweise in Indien.

Frauen um Buddha

Die erste Frau, die Buddha folgen wollte und ihn um die Erlaubnis bat, einen Nonnenorden zu gründen, war seine eigene Ziehmutter, Mahapajapati Gotami. Im Indien des 6. Jahrhunderts vor Christus sagte Buddha zunächst noch Nein zu ihrem Anliegen, aber Mahapajapati blieb hartnäckig. Dreimal bat sie ihn, ein Nonnenkloster in seiner Gefolgschaft gründen zu dürfen, und immer wieder lautete seine Antwort Nein. Als gute Nonne in spe hatte die Mutter des Mannes, der einst Prinz Siddhartha Gautama gewesen war und dann zu Buddha wurde, sogar schon eine interessante weibliche Gefolgschaft um sich geschart.

Mahapajapati war tatsächlich seine überzeugte Anhängerin. Die Ablehnung, die sie zunächst erfuhr, stürzte sie deshalb in eine tiefe Trauer. Ihr Cousin Ananda ging daraufhin bestürzt darüber zu Buddha und bat ihn, seine Entscheidung zu überdenken und die Frauen zu ordinieren. Doch wieder sagte Buddha, der selbst sieben Jahre zuvor seine Frau und seinen Sohn verlassen hatte, um vom Prinzen zum Erwachten (»Buddha« bedeutet »der Erwachte«) zu werden, Nein. Daraufhin stellte ihm Ananda, der längst sein Begleiter und mit einem Jünger vergleichbar war, die clevere Frage, die anlässlich der Renaissance der Frauen im modernen Buddhismus aktueller denn je scheint: »Sind Frauen fähig, ein heiliges Leben zu führen und Befreiung zu erlangen?« Als Buddha dies bejahte, stellte Ananda eine weitere Frage, die wie die perfekte Einführung in die buddhistische Philosophie erscheint, denn darin geht es vor allem darum, zu hinterfragen und eine neue Logik herzustellen: »Warum machst du es ihnen dann so schwer?«

Nun erst erlaubte Buddha seiner Ziehmutter Mahapajapati die Gründung eines eigenen Nonnenordens. Es ist überliefert, dass Mahapajapati bereits fünfhundert Frauen um sich versammelt hatte, die nun die ersten Nonnen Buddhas wurden. Siddharthas eigene Ehefrau Yasodhara, die ihm Jahre zuvor einen Sohn geboren hatte, folgte sehr viel später auch dem Ruf und wurde eine überzeugte Praktizierende.

Von Anbeginn des Buddhismus lehrten und predigten also auch Frauen seine Weisheiten. Die ersten Schriften Buddhas legen Zeugnis davon ab. Frühe elementare Lehrschriften, Sutras, erzählen die Geschichten zahlreicher weiblicher Schüler. Dass Buddha auch seine eigene Familie spirituell von ihren Leiden befreien konnte, hatte aber mit seiner eigenen Erleuchtung zu tun. Diese wiederum wäre schlichtweg nicht möglich gewesen, hätte er seine Familie nicht zuvor verlassen.

Vielleicht liegt es an den besonderen Entwicklungen im Geburtsland des Buddhismus, dass die Rolle der Frauen in dieser Religion mehr und mehr in Vergessenheit geriet. Anders als im frühen Tibet waren die Frauen in Indien schon damals stark benachteiligt. Es gehört nicht viel Fantasie dazu, sich vorzustellen, wie stark diese Benachteiligung gewesen sein mag in einem Land, in dem noch heute allein reisende Frauen wie Freiwild betrachtet werden.

Etwa tausendzweihundert Jahre später herrschten in Tibet schon vollkommen andere Verhältnisse. Hier waren längst die Frauen diejenigen, die die Geschäfte betrieben, die ganz selbstverständlich allein reisten und selbstbewusst waren. In Zentraltibet war es keine Seltenheit, dass eine Frau sogar mehrere Männer heiraten durfte. Das hatte damit zu tun, dass die bäuerlichen Höfe nicht zu oft aufgeteilt werden sollten. Hatte eine Familie viele Söhne, wurde nur eine Frau gesucht, damit der ohnehin schon karge Besitz nicht durch noch mehr Ehefrauen und Kinder aufgeteilt wurde. Auf diese Weise erhielten die Familien schlichtweg ihren Besitz. Gleiches galt für Familien mit vielen Töchtern. Auch hier wurde manchmal nur ein Mann gesucht, der dann mehrere Schwestern ehelichte. Diese Geschlechtergerechtigkeit in der buddhistischen Welt hatte also vor allem wirtschaftliche Gründe.

Frühe weibliche Lehrende in Tibet

Eine besondere Bedeutung innerhalb der Entwicklung des Buddhismus kommt dem Tantra zu, einer Geheimlehre, die ursprünglich aus Indien stammt und nur wenigen Eingeweihten zuteilwurde. Es wurde auch von Meisterinnen unterrichtet, denn sie scheinen die Initiatorinnen einiger Arten des Tantra gewesen zu sein. Damit ist übrigens nicht das in der westlichen Welt verbreitete Verständnis des Tantra gemeint, also esoterische Sexstellungen und dergleichen. Es geht vielmehr um die höchste Lehre auf dem Weg zur Erleuchtung, die in der Transzendenz erlangt wird. Dazu gehören das hunderttausendfache Rezitieren von Mantras, yogische rituelle Übungen, vor allem aber die richtigen Meister, die über Jahre in dieses hohe Tantra einführen.

Als vor etwa tausendzweihundert Jahren das Tantra von Indien nach Tibet gelangte, wurden auch dort Frauen zu Meisterinnen und Trägerinnen dieses Geheimwissens, das nun zur vollen Blüte kam und sogar zur Staatsreligion erklärt wurde. Einige der Texte aus dieser Zeit stammen von weiblichen Meistern. Es gab auch Offenbarungspredigerinnen und Schatzfinderinnen, die sogenannten Tertöns. Sie hatten die Gabe, Ritualgegenstände und Texte wiederzufinden, die vor der Zerstörung feindlich gesinnter Könige versteckt worden waren.

Damals entstanden die Übertragungslinien im tibetischen Buddhismus, die auf Buddha zurückzuführen sind. In ihnen wird die Praxis des Tantra vom Linienhalter einer buddhistischen Schultradition an seine Schüler weitergegeben. Nur die Linienhalter können nachfolgende Linienhalter einsetzen, an die sie die Ermächtigung zur tantrischen Übertragung weitergeben. Auf diese Weise entstehen durch die Jahrhunderte klar verfolgbare Linien, die der Weitergabe tantrischen Wissens und seiner Übertragungen dienen.

Es gab darin auch viele weibliche Übertragungslinien. In einigen Überlieferungen ist auch die Rede von weisen Lehrerinnen, die ihr Geschlecht wechseln konnten. Von Shariputra, einem der direkten Schüler Buddhas, ist überliefert, dass er sich in eine Frau verwandelte und wieder zurück. Frauen galten aufgrund ihrer starken Intuition als zur Transzendenz begabt.

Vielleicht war es ein Fehler, dass die Geschichten weiser Frauen der ersten und zweiten Generation des tibetischen

Buddhismus so gut wie nie aufgeschrieben wurden. Andererseits lebte dieser prachtvolle und tiefgründige Buddhismus in seiner tibetischen Form schon damals, im 8. Jahrhundert, von der mündlichen Weitergabe der Lehrer an ihre Schülerinnen und Schüler. Erst heute werden Texte wiederentdeckt oder Denkmäler gefunden. In einem entlegenen Ort in Südwest-Tibet liegt etwa das Kloster Samding der Dorje Phagmo, die als Erleuchtete galt. Es ist noch nicht lange her, dass die Anthropologin Hildegard Diemberger von der Universität Cambridge hier die Dorje Phagmo erforschte. Bis dahin war dieser heilige Ort, an dem einst ein reges weibliches Klosterleben geherrscht hatte, nur noch unter Einheimischen bekannt. Dieses Kloster, ein Zeugnis der Blüte und Hochzeit des tibetischen Buddhismus, war während der chinesischen Kulturrevolution und der damit verbundenen Okkupation Tibets vollkommen zerstört worden und ist erst seit Mitte der Neunzigerjahre wieder ein spiritueller Ort mit einem sehr kleinen Nonnenkonvent.

Dorje Phagmo galt als eine Wiedergeburt der Dakini. »Dakini« stammt aus dem Sanskrit und steht für die weibliche Inkarnation einer Erleuchteten. Das Wirken der berühmten Äbtissin des Klosters Samding beflügelte Kunst und Architektur, aber auch das technische Wissen im Tibet von vor fünfhundert Jahren. Besonders die Frauen lagen ihr am Herzen und so förderte sie deren Hingabe zum Buddhismus, insbesondere deren Ausbildung, und gründete Nonnenklöster. Sie galt als eine der heiligsten Frauen Tibets und wurde als ein weibliches Pendant zum Dalai Lama betrachtet, das sich immer wieder reinkarniert.

Ihr oblag der Schutz des Dharmas, der eigentlichen Lehre des Buddhismus, und es geht die Sage, dass sie sich und die Mönche und Nonnen ihres Klosters einst zum Schutz vor den Angriffen von Invasoren in Schweine verwandelten, bis die Invasoren verwirrt davonzogen. Der Mythos der Dorje wurde mit dieser Geschichte noch größer; ihre zwölfte Inkarnation wurde vor der Okkupation Tibets sogar zu Mao Tse-tung eingeladen, der sie als »lebenden weiblichen Buddha« bezeichnet haben soll, was für einen nicht spirituellen kommunistischen Führer wahrscheinlich Ausdruck der höchstmöglichen Bewunderung gewesen sein mag. Dorje Phagmo repräsentiert die weibliche Tulku-Linie und damit im Tibetischen jene spirituellen Meisterinnen und Meister, die das Wissen unter dem Titel eines Rinpoches, eines hohen Ehrenträgers im Buddhismus, weitergaben. Manche sind reinkarnierte Wesen, einige von ihnen wurden Äbte und Äbtissinnen von Klöstern. Die Tulku-Linie von Dorje Phagmo tauchte bis zu ihrer Wiederentdeckung vor wenigen Jahren kaum in der Literatur auf.

Unter den Reinkarnationen gibt es interessante Formen, die manche Vertreter der westlichen Welt zu irritieren vermögen, denn es scheint, als seien heilige Männer als Frauen wiedergeboren worden und umgekehrt. Eine dieser Wiedergeburten, die aus westlicher Sicht eine ungewöhnliche Verwandlung darstellt, war die des Lama Yeshe, der die Reinkarnation einer bekannten Äbtissin und großen spirituellen Lehrerin aus der Nähe von Lhasa gewesen sein soll. Lama Yeshe hat nicht nur das traditionelle Geshe-Studium in der buddhistischen Philosophie und dem Debattieren abge-

schlossen, er war es auch, der nach der Vertreibung der Tibeter ins Exil die Bedeutung der Frauen im modernen tibetischen Buddhismus wesentlich stärkte.

Auch Kelsang Wangmo gehört zu den Frauen, die durch
die Lehren des Lama Yeshe inspiriert wurden.

Die Renaissance des tibetischen Buddhismus durch westliche Lehrerinnen

Die erste Schülerin des Lama Yeshe, dessen Buch *Wisdom
Energy* für viele zum Weckruf wurde, war Zina Rachevsky,
eine russischstämmige Amerikanerin, deren Mutter eine aus
Deutschland stammende Jüdin war. Zina kam aus einer sehr
reichen Familie von Finanzmagnaten und war in zweiter Ehe
mit dem Regisseur des Films *Siddhartha* verheiratet. Sie selbst
war Schauspielerin und hatte alles: Ruhm, Geld und Gefährten, aber als sie sich dazu entschloss, von Hollywood nach
Indien zu gehen, befand sie sich offensichtlich gerade in einer
schweren Krise.

Zina hatte eine kleine Tochter und war gerade in Kathmandu unterwegs, als sie 1963 zum ersten Mal Lama Yeshe
begegnete. Es gibt beeindruckende Fotos von ihr aus dieser
Zeit. Sie zeigen eine hochgewachsene, blonde Frau, die auf
Gruppenbildern die sie umgebenden Nonnen und Mönche
um eine ganze Kopfeslänge überragt.

Nach dem ersten Treffen soll sie nicht lockergelassen haben
mit ihrem Wunsch, unterrichtet zu werden, und auch Lama
Yeshe soll in ihr gleich seine Schülerin erkannt haben. Zina

war wesentlich am Aufbau des Klosters von Lama Yeshe beteiligt und unterstützte die exiltibetische Gemeinde beziehungsweise deren Klöster. Ebenso schnell verbreitete sie die Lehre
des tibetischen Buddhismus in Kalifornien, denn sie war dort
sehr bekannt, und die anfängliche Irritation Hollywoods über
ihren neuen Lebensweg war rasch in Neugier übergegangen.

Zina wurde eine glückliche und erfüllte Nonne. Allerdings
starb sie schon drei Jahre nach ihrer Ordination in Dharamsala
und zehn Jahre nach ihrer ersten Begegnung mit Lama Yeshe
an Cholera.

Zina hatte, wie später auch andere Frauen aus dem Westen,
die eine bedeutende Rolle im tibetischen Buddhismus spielen
sollten, ihre Familie verlassen, um ein neues Leben zu beginnen. Ihre Tochter Rhea soll bei ihr gewesen sein, als sie starb;
Zinas Mutter hatte sich zusammen mit ihrer Enkelin in der
Nähe niedergelassen.

Als Zina 1973 im Kloster Thubten Chöling im Osten Nepals starb, soll es an jenem Tag ein überwältigendes Abendrot
gegeben haben, ein Rot, das sich zunächst in Türkis verwandelte und sich dann über den schneebedeckten Bergen Nepals
mit dem Horizont verband. Tagelang hatte es geregnet, nun
war der Regen von einer Minute zur nächsten versiegt, und ein
doppelter Regenbogen erhob sich am türkisfarbenen Abend-
himmel über den schneeumkränzten Bergen.

Der Lehrer der westlichen Nonne aus Hollywood, Lama
Yeshe, der sich tausendfünfhundert Kilometer entfernt in
Tushita in der Nähe Dharamsalas befand, soll gespürt haben,
dass sie in dieser Stunde starb. »Zina stirbt gerade«, sagte er
seinem italienischen Übersetzer, der mit ihm im Retreat saß.

Kurz darauf versenkte er sich in eine lange Meditation, um Zinas sterbendes Bewusstsein zu begleiten.

Für Buddhisten bedeutet der Tod vor allem Transformation, etwas, vor dem man sich nicht fürchten muss, denn es geht ja mit der nächsten Wiedergeburt weiter. Lama Yeshe sprach üblicherweise vom »Hinübergehen« des Bewusstseins, vom Übergang. Die Zeichen für Zinas Übergang seien gut, soll er gesagt haben, und wie dankbar er ihr sei. Ihrer guten Reinkarnation schien nichts im Wege zu stehen.

Zina war vor allem als Schauspielerin, Society Girl und reiche Erbin bekannt gewesen, und ihre Herkunft lieferte der amerikanischen Yellow Press zusätzliches Material, denn ihr Stiefonkel war ein russischer Großherzog.

Es ist nur wenig von dieser hochgewachsenen Frau überliefert, aber Bilder aus den frühen Sechzigerjahren, als sie zur Schülerin des Lama Yeshe wurde, zeigen ihre Transformation von der leicht arrogant wirkenden Amerikanerin mit vorgeschobenem Kinn und langen blonden Locken hin zur Nonne mit rasiertem Haupt. Sie trägt schon die Kleidung der Tibeter. Ihre markanten Gesichtszüge und ihr klarer Blick zeugen vom jahrelangen Retreat, in das sie sich zurückgezogen hat. Man erkennt in ihr kaum noch die Frau, als die sie in den Himalaya gekommen war, denn im schönsten Sinne ernst und erleuchtet schaut sie in die Kamera.

In den USA nahmen Frauen schon früh eine prominente Rolle im Buddhismus ein. Vielleicht spielte der Einfluss Zinas eine besondere Rolle dabei, vielleicht lag es aber auch am aufgeschlossenen Klima für kulturelle Unterschiede und für unterschiedliche Religionen. Es gibt dort wohl kaum eine

Buchhandlung, die nicht in der Lebenshilfe- oder »Spiritual and more«-Abteilung« Bücher von Pema Chödrön führt, einer buddhistischen Nonne, die heute fast achtzig Jahre alt ist und mit dem wohlklingenden Namen Deirdre Blomfield-Brown in eine katholische Familie hineingeboren wurde. Auffallend ist das didaktische Geschick, mit dem diese frühere Grundschullehrerin westlichen Lesern den Buddhismus näherbringt. Ihre Weisheiten sind in zahlreichen Büchern enthalten, die mit verheißungsvollen Titeln locken wie *Awakening – Loving – Kindness* (Erwachen, Lieben, Freundlichkeit) oder *The Wisdom of No Escape* (die Weisheit des Nicht-entkommen-Könnens). Sie widerspricht in ihren Büchern sämtlichen Lebenshilfe-Weisheiten, die vor allem eines liefern wollen: Patentrezepte zum Glücklichsein. »Nichts im Leben hat Bestand«, schreibt sie unter anderem, und sie bereitet die geneigte Leserin darauf vor, dass sie bildlich gesprochen keinen festen Boden unter den Füßen erwarten könne, schon gar nicht im Buddhismus.

Pema Chödrön wurde zu Beginn des neuen Jahrtausends sehr erfolgreich. Die USA erlebten zu der Zeit ein Revival des Spirituellen. Das war der 2007 einsetzenden Finanzkrise zuzuschreiben, bei der viele Menschen ihre Arbeitsplätze und ihre Altersversorgung verloren. Meditationskurse boomten, Yoga erlebte den größten denkbaren Erfolg außerhalb Indiens, zudem war nach dem 11. September 2001 und den darauf folgenden politischen Wirren eine Verunsicherung entstanden, die viele Menschen still werden und nach neuen spirituellen Pfaden suchen ließ.

Pema Chödrön erhielt ihre volle Ordination erst nach zwei Ehen und der Geburt mehrerer Kinder. Da im tibetischen

Buddhismus die Übertragungslinie der vollen Ordination für Frauen zu dieser Zeit noch nicht existierte, reiste sie nach Hongkong, um sich innerhalb einer chinesischen Linie ordinieren zu lassen. Dann zog sie sich in ein Kloster an der kanadischen Ostküste zurück. Sie beschreibt in ihren Büchern diesen Ort der Stille, Cape Breton in Nova Scotia, am Sankt-Lorenz-Strom gelegen, der ihr einen weiten Raum zum Denken und Beten gab. In der Nachfolge ihres Lehrers Trungpa Rinpoche erbaute sie das Kloster Gampo Abbey zum Teil mit eigenen Händen auf einer Fläche so groß wie achtzig Fußballfelder.

Pema Chödrön ist durch ihre Bücher, deren Einnahmen der Finanzierung des Klosters dienen, die wahrscheinlich bekannteste unter den modernen buddhistischen Nonnen des Westens geworden. Ihre Bücher sind auch auf Deutsch erhältlich, und ihre Lehren bergen eine gewisse Spröde, die westliche Interessierte auf der Suche nach einer neuen spirituellen Identität auch leicht verstören kann. So macht sie die Illusionen sinnsuchender Menschen mit leicht verklärtem Blick auf den Buddhismus zunichte, wenn sie schreibt, dass alle, die Buddhisten werden wollen, alles außer einer neuen Familie erwarten dürfen.

Pema Chödrön sagt: »Wenn wir Buddhisten werden, erhalten wir keine neue Familie, Buddhistin sein bedeutet, heimatlos zu werden.«[1] Dennoch kommen zu ihren Vorträgen und Retreats Tausende Menschen, die gestärkt den Stürmen des Lebens begegnen, nachdem sie dort in Ruhe ihre eigenen Abgründe betrachten konnten.

Moderne buddhistische Lehrerinnen wie Pema Chödrön mögen auch deshalb für Menschen im Westen überzeugend sein, weil sie ebenfalls dort sozialisiert sind und viel weniger

Distanz zu ihnen haben als die klassischen Lamas oder Nonnen aus der sonst fremden Kultur Asiens.

Pema Chödrön beschreibt in ihren Büchern die Momente ihrer eigenen Verzweiflung sehr genau: als plötzlich verlassene Ehefrau in ihrer ersten Ehe oder als Mutter, die ihre Kinder später der eigenen spirituellen Suche wegen verließ, als diese im Teenageralter waren. Der Preis, den sie zahlte, um buddhistische Nonne zu werden, schien hoch. Ihr Weg führte sie nicht einmal gleich zum Buddhismus, sondern zunächst in hinduistische Retreats, dann sogar in Scientology-Kurse und auch zum Sufismus. Damals lebte sie in der San Francisco Bay Area, nahe der Stadt der Sinnsucher und Spirituellen.

Nicht von ungefähr setzten große Lehrer des Ostens zuerst in San Francisco ihren Fuß auf westliches Terrain und begannen an dem Ort, ihre Lehren im Westen zu verbreiten, an dem keine Vision zu groß ist.

Am alten Highway One, der sich entlang der Steilküste des Pazifiks in Richtung Stinson Beach nach Norden zieht, reiht sich ein Retreat Center ans nächste. Buddhisten, Hindus, Chi-Gong-Jünger, Anhänger der transzendentalen Meditation und Sufis unterrichten und meditieren in dieser Gegend. Hier, wo sich die Utopien und Visionen der Hightechindustrie im Silicon Valley manifestieren, ist auch spirituell alles denkbar. Nicht von ungefähr enden die Gebete in der meistbesuchten christlichen Gemeinde San Franciscos, in der Glide Memorial Church, ganz selbstverständlich mit »Amen, Shalom, Salam, Namaste«.

Das Neue bereichert in dieser Grundhaltung und wird deshalb nicht mit Skepsis betrachtet. So konnte auch der Buddhismus in den USA und in Kanada schon früh leichter Fuß fassen, weil es dort bereits sehr viele buddhistische Einwanderer gab und man zudem bis heute aufgeschlossener mit allen neuen Strömungen umgeht, auch im Spirituellen.

Nicht zuletzt hat jeder amerikanische Bürger das in der Verfassung verbriefte Recht auf das Streben nach seinem persönlichen Glück – »the Pursuit of Happiness«, heißt es in der amerikanischen Unabhängigkeitserklärung.

Das Grundprinzip der Philosophie des tibetischen Buddhismus ist das kritische Hinterfragen. Machen die westlichen Lehrerinnen den tibetischen Buddhismus deshalb so attraktiv, weil sie Fragen formulieren, die in unsere heutige Welt passen?

»Don't trust your mind«, sagen die Buddhisten, traue deinen Gedanken nicht.

Was würde passieren, wenn herauskäme, dass die Probleme, deren Lösung wir im Außen suchen, tatsächlich in uns selbst begründet liegen? Würde es nicht auch bedeuten, dass wir selbst es sind, die die Welt verändern können, indem wir uns ändern? Alle buddhistischen Schulen lehren das, sie lehren, dass die Probleme, die wir haben, sich vor allem aus unseren eigenen Gedanken speisen.

Pema Chödrön bringt dazu eine Parabel in ihrem Buch *Den Sprung wagen: Wie wir uns von destruktiven Gewohnheiten und Ängsten befreien.*[2] Ein alter, weiser Mann sitzt im Kreis seiner Schüler und erzählt von zwei Hunden, die in seinem Kopf wohnen: »Der eine, der weiße, ist gut und mutig und der andere, der schwarze, ist nachtragend, rachsüchtig und böse. Beide Hunde bekämpfen einander bis aufs Blut.« Eine besonders ungeduldige Schülerin kann das Ende der Geschichte nicht abwarten. Sie fragt ihn: »Welcher von beiden Hunden gewinnt?« – »Der, den ich füttere«, antwortet der weise Mann. Man kann ihn sich gut als einen in rote wollene Gewänder gehüllten tibetischen Gelehrten vorstellen; einen Gelehrten mit rasiertem Schädel, einem runden, gütigen Gesicht und putzmunterem Blick.

Glaube deinen Gedanken nicht. Tatsächlich kann uns an nur einem einzigen Tag jeder nur mögliche Unsinn durch den Kopf schießen. Im tibetischen Buddhismus ist in diesem Zusammenhang vom feinstofflichen Bewusstsein die Rede. Es wird nicht da verortet, wo der Kopf zwischen unseren Schultern sitzt und wo wir westlich-kognitiv gesteuerten Menschen das Bewusstsein vermuten, sondern es liegt aus tibetischer Perspektive ungefähr dort, wo sich unser Herz befindet, beziehungsweise ein wenig weiter rechts, genau dort, wo die Körpermitte von lauter Chakren durchzogen ist. Yoga-Praktizierende kennen diesen Ort, er liegt genau dort, wo beim Yoga immer wieder die Hände zum Herzensgruß zusammengeführt werden, etwas rechts vom Herzen, in der Mitte unseres Körpers, genau da, wo auch das Zentrum unseres Atems liegt.

Die langsame Überwindung
männlicher Vorstellungen

Es dringt erst allmählich ins westliche Bewusstsein, dass es viele starke Frauen im Buddhismus gibt. Im Zusammenhang mit Kelsang Wangmos Geshe-Titel taucht manchmal die Frage nach ihrem Titel auf. »Geshe?«, fragen dann einige Menschen. »Du meinst Geisha wie in Japan?«

Und auch die Vorstellung eines praktizierten Buddhismus speist sich aus Darstellungen, die rein männlich besetzt sind. Buddhismus und Kloster? Da sehen die meisten Leute vor ihrem inneren Auge einen riesigen Raum voller Mönche unterschiedlichen Alters mit kahl geschorenen Köpfen in roten und gelben Gewändern. Sie hören den Klang eines Gongs, ein männlicher Obertongesang setzt ein, der Sutren rezitiert. Hollywoodfilme à la *Sieben Jahre in Tibet* und *Kundun* liefern das entsprechende optische Futter für solche Vorstellungen.

Ein weiterer Grund dafür, dass die Entwicklung zu starken Frauen im tibetischen Buddhismus erst im neuen Jahrtausend richtig begann, mag darin liegen, dass die Tibeter im Exil von ihrem neuen Umfeld traumatisiert waren, denn nahezu alles war anders. Sie kamen mit nichts als dem, was sie tragen konnten, nach Nordindien oder Nepal. Also war der Wunsch der Laienbevölkerung groß, ihre Religion besonders traditionell auszuüben. Auf diese Weise war lange Zeit gar keine Reform des tibetischen Buddhismus möglich. Erst nach und nach prägten die eingewanderten Tibeterinnen und Tibeter die neue Gesellschaft, in der sie mittlerweile lebten.

Dass im indischen Dharamsala heute viele Tibeterinnen wieder ihre eigenen Läden haben, mag inmitten der noch immer herrschenden Unterdrückung ihrer indischen Schwestern sogar seltsam anmuten. Auch der Exilregierung war viel daran gelegen, nach dem Exil schnell wieder Klöster aufzubauen. Eine Gemeinschaft ohne Klöster war dabei aus tibetischer Sicht nicht viel wert, also entstanden unter der

Leitung eher konservativer männlicher Lamas Hunderte Mönchsklöster in Nordindien und Nepal, wo die meisten Flüchtlinge nun lebten.

Gerade die prominenten amerikanischen Buddhistinnen sind keine abgehobenen Yogis, die weit abgeschieden in den Höhen und Höhlen des Himalaya leben. Sie sind pragmatische Lehrerinnen, haben eine Menge eigene Lebenserfahrungen und kennen die Verzweiflung vieler Sinnsuchender.

Diese modernen Schwestern sind heute Teil einer global vernetzten buddhistischen Welt, ihnen steht ein breites Multimedia-Angebot zur Verfügung, und sie können alle Menschen einladen, an ihren Vorträgen und Schriften teilzuhaben. Sie treffen sich in weltweiten virtuellen Zirkeln, aber auch immer wieder in persönlichen Begegnungen mit Interessenten und praktizierenden Buddhisten, auch mit Tibetern im Exil, die über den ganzen Erdball verstreut leben, seit sie ihr Land unter dem Druck der chinesischen Okkupation verlassen mussten. Ihnen ist es seitdem nahezu unmöglich gemacht worden, dort ihren Glauben zu praktizieren. Doch wer hätte je gedacht, dass ausgerechnet der Versuch der Chinesen, Macht über ein ganzes Land und seine Bevölkerung zu erlangen, den Auftakt zur großen Popularität des tibetischen Buddhismus bilden würde, der erst durch das Exil vieler Tibeter Verbreitung fand?

Die Ausbreitung gen Westen, die heute neue Einflüsse zurück nach Osten bringt, machte diese Schule des Buddhismus derart bekannt, dass der Dalai Lama inzwischen verehrt wird wie ein Popstar. »Wir lernten erst im Exil, die wahren Lehren des Buddha zu leben«, sagte einer der Rinpoches, die den

Dalai Lama ins Exil begleiteten. Und Kelsang Wangmo erwähnt in ihren Unterweisungen, dass die chinesische Armee zwar eine der mächtigsten der Welt sei, sich aber an einem Gegner die Zähne ausbeißt: an Seiner Heiligkeit dem Dalai Lama, der dieser Armee mit den größten »Waffen« begegnet, die der Buddhismus vermutlich hat, nämlich Liebe und Mitgefühl!

Mit dem Geshe-Titel für Frauen steht dem tibetischen Buddhismus eine bedeutende Veränderung bevor. Sie belebt nicht nur die alten weiblichen Übertragungslinien, es werden womöglich dadurch viel mehr Frauen dazu bereit sein, buddhistische Nonnen zu werden. Neben der vollen gesellschaftlichen Anerkennung bringt der Titel einer Geshe Frauen nach vielen Jahren des Studiums immerhin die Möglichkeit, zu gleichberechtigt Lehrenden zu werden.

Abgeschiedenheit ist ein weiteres wichtiges Element auf dem spirituellen Pfad der Frauen. Pema Chödrön litt unter einer Immunkrankheit und sah den Rückzug in die Einsamkeit auch als Möglichkeit an, um diese Krankheit besser in den Griff zu bekommen. Zudem absolvierte sie Schweige-Retreats, bei denen hundert Tage lang geschwiegen wurde. Auf die Frage, wie sie anfangs damit klargekommen sei, antwortete sie Helen Tworkov vom Magazin *Tricycle*, sie sei »die Wände hochgegangen« und von fürchterlichen Depressionen gepeinigt worden.[3]

Diese langen Perioden der Einsamkeit sind für alle Lehrerinnen des tibetischen Buddhismus ein wichtiges Thema. Wann lernt der Mensch sich schon besser kennen als in solchen Zeiten ohne jede Projektionsmöglichkeit? Ohne Gegenüber sind wir nur noch uns selbst verantwortlich, weil wir nichts mehr auf andere schieben können.

Die wahrscheinlich wichtigste Rolle bei der Wiederbelebung des weiblichen Elements im tibetischen Buddhismus spielte indessen eine ehemalige englische Bibliothekarin: Jetsunma Tenzin Palmo. Sie war diejenige, die die tantrische weibliche Linie wieder zum Leben erweckte. Diese Frau, die später zur Kommission des Dalai Lama für die Einführung der weiblichen Vollordination gehören sollte, hatte schon als Kind besondere Fantasien von Asien und gilt als Reinkarnation eines berühmten Yogis am Hofe des Khamtrul Rinpoche. Als sie im Alter von einundzwanzig Jahren zum ersten Mal an den Hof des Rinpoches kam, zeigten die dort lebenden Mönche ihr ein Bild dieses Yogis, das in ihrem Kloster hing, und begrüßten sie besonders herzlich. Sie glich dem Mann auf dem Thangka, dem religiösen Rollbild, auf frappierende Weise.

Tenzin Palmo wurde als Diane Perry in eine Londoner Arbeiterfamilie hineingeboren und schien selbst keine Ahnung davon zu haben, was sie an den asiatischen Restaurants so faszinierte, in die sie ihre Mutter mitnahm. Diane wurde später Bibliothekarin und ihre Suche nach dem Sinn des Lebens hatte sie zunächst zum Existenzialismus von Sartre und Camus geführt, bis ihr das Buch *Der unerschütterliche Geist* eines englischen Journalisten in die Hände fiel, der darin von seiner Zeit in Thailand und vom dortigen Buddhismus berichtet. Das Buch weckte ihre Neugier.[4]

Diane Perry stieg in ihrer Sehnsucht tiefer und tiefer in die Lehren des Buddhismus ein und las so gut wie alles, was sie darüber in die Finger bekam. Sie fand bald heraus, dass immer nur von Mönchen und Männerklöstern die Rede war, und entdeckte den Kagyü-Buddhismus, eine der vier Linien im tibetischen Buddhismus (Nyingma, Kagyü, Sakya und Gelug).

Als Bibliothekarin war sie es gewohnt, gründlich zu recherchieren, und so entdeckte sie 1962, dass es eine Frau gab, auch eine Engländerin, die bereits vor Jahren in Nordindien ein Nonnenkloster für inkarnierte Lamas gegründet hatte: Freda Bedi. Diese hatte in Oxford einen adeligen Inder kennengelernt, ihn geheiratet und war mit ihm nach Indien gegangen, nachdem sie in Burma Anfang der Fünfzigerjahre den Buddhismus kennengelernt hatte. Freda wurde sogar zeitweise von ihren eigenen Landsleuten der britischen Besatzungsmacht inhaftiert, nachdem sie sich der indischen Befreiungsbewegung angeschlossen und gegen die Kolonialherren aus ihrer eigenen Heimat aufbegehrt hatte. Nach ihrer Freilassung leitete sie für die indische Regierung das Welfare Board und war dort als Sozialarbeiterin für die Fürsorge der Flüchtlinge zuständig. Hier traf sie die ersten Exiltibeter, für deren Sache sie sich sogleich einsetzte, und baute nach der Flucht des Dalai Lama nach Nordindien auch eine Schule für junge tibetische Mönche auf. Freda Bedi selbst ließ sich 1966 auch zur tibetisch-buddhistischen Nonne ordinieren. Ihr tibetischer Name lautete Gelongma Karma Kechog Palmo. Einer ihrer beiden Söhne wurde später ein berühmter Schauspieler und Bollywood-Star.

Diane lernte unterdessen in London schon Tibetisch und begegnete den ersten Lamas, die in England studierten. Sie war zwanzig Jahre alt, als sie sich 1964 auf ein Schiff nach

Indien begab. Sie wurde die Sekretärin von Freda Bedi und begegnete auf diesem Weg Khamtrul Rinpoche, bei dem sie zunächst auch als Sekretärin arbeitete. Aber bald war ihr Entschluss klar: »Ich möchte Zuflucht nehmen«, sagte sie und bat ihn, sie mit in sein Kloster zu nehmen. Ihr Entschluss, Nonne zu werden, stand fest.

Tenzin Palmo war die einzige Nonne in einem Kloster von Mönchen und fühlte sich dabei sehr einsam. Als Frau aus dem Westen kam bei ihr ein weiteres Element der Fremdheit hinzu.

Tenzin Palmo wurde erst mit der Zeit klar, dass ihr Lehrer sie als Reinkarnation eines berühmten verstorbenen Mönches wiedererkannt hatte. Sie schreibt in *Weibliche Weisheit vom Dach der Welt*, dass er sagte: »Früher konnte ich dich immer in meiner Nähe haben. Aber in diesem Leben hast du die Gestalt einer Frau angenommen. Ich versuche mein Bestes, aber ich kann dich nicht für immer in meiner Nähe behalten, es wäre zu schwierig.« Wäre Diane ein Mann gewesen, hätte ihrem weiteren Aufenthalt in dem Kloster nichts im Wege gestanden, aber als erste Frau in einer Jahrtausende alten Männerdomäne »wussten sie nicht so recht, was sie mit mir anfangen sollten«.[5]

Tenzin Palmo, die hohe Lehrerin aus England, die helle wasserblaue Augen und ein geschorenes Haupt hat, ist in dem Dokumentarfilm *Cave in the Snow* porträtiert. Sie erzählt darin selbst ihre Geschichte: Wie sie sechs Jahre lang in der Gemeinschaft der Mönche des 8. Khamtrul Rinpoche lebte, bis er sie schließlich fortschickte, damit sie bessere Bedingungen für ihre Meditationsübungen hatte. Daraufhin zog sie sich in ein Retreat zurück. Sie lebte zwölf Jahre lang in einer Höhle in viertausendzweihundert Metern Höhe. Zwölf Jahre Retreat, das ist doppelt so lang wie die Meditation, in die sich Buddha selbst versenkt hatte, bevor er die Erleuchtung erlangte. Sie nahm dafür völlige Einsamkeit in Kauf, lebte nicht nur in der sehr schmalen Höhle, die mehr einem Felsvorsprung denn einer Höhle glich, sondern meditierte überdies darin in einer kleinen, sehr schmalen Holzkiste, in der sie gerade aufrecht sitzen konnte.

Acht Monate im Jahr war die Region, in der sich die Höhle befand, durch starken Schneefall komplett von der Außenwelt abgeschnitten. Einmal wurde Tenzin Palmo in ihrer Behausung vom Schnee regelrecht verschüttet, und sie fürchtete sich, denn es herrschte nun auch vollkommene Finsternis. Als sie besonders verzweifelt war, hörte sie plötzlich die Stimme ihres Lehrers, die sagte: »Grab dich doch aus«, was sie auch tat, während die Menschen im Tal, die Einheimischen, die von ihrem Retreat wussten, sie längst für tot hielten.

»Du verlierst alle Schichten um dich herum, gleich Schalen, die um dich herum sind, fallen all deine Identifikationen von dir ab, warum solltest du dir selbst noch eine Rolle vorspielen?«[6], beschreibt es Tenzin Palmo, die in jeder Nacht in der Höhle nur drei Stunden schlief, was üblich ist für Praktizierende ihres Niveaus.

Als Tenzin Palmo aus ihrer Höhle zurückkehrte, war etwas geschehen, womit sie nicht gerechnet hatte: Ihr Lehrer, der Khamtrul Rinpoche beziehungsweise seine achte Inkarnation, war verstorben. Das stieß sie in eine tiefe Trauer, bewegte sie aber erst recht dazu, dem Weg zu folgen, den ihr Lehrer ihr aufgezeigt hatte: »Gründe ein Frauenkloster.«

Nachdem das Kloster von Freda Bedi zwanzig Jahre lang das einzige Nonnenkloster im Exil der Tibeter gewesen war, gründete Tenzin Palmo nach der Rückkehr aus ihrem Retreat ein weiteres Kloster, gut drei Stunden entfernt von Dharamsala. Sie baute es mit ihren eigenen Händen, rührte selbst den Beton an und schleppte Steine, um an dem bis dahin verlassenen Ort ihren Traum und ihre Vision wahr zu machen. Was anfänglich mit ein paar Nonnen begann, ist heute ein florierendes Kloster voller Novizinnen, die einmal die volle Ordination erwarten dürfen.

Tenzin Palmo, die in einem der weiteren Kapitel dieses Buches selbst über das geheiligt Weibliche im Buddhismus schreibt, ist die wohl einflussreichste Nonne westlichen Ursprungs. Ihr wurde die Ehre zuteil, die Tradition weiblicher Geheimnisträger, der Togden, von ihrem Lehrer übertragen zu bekommen. Dieser männliche Lama war der letzte Träger der Linie, offensichtlich als Ersatz für die weiblichen Vertreter. Wäre Diane Perry nicht seine Schülerin geworden und auf diese Weise zu Tenzin Palmo, der späteren Lehrerin, gelangt, wäre diese Linie für immer versiegt.

Tenzin Palmo ließ sich später in einer chinesischen Linie der Buddhisten ordinieren und flog dafür nach Hongkong, so wie es einige westliche Nonnen machten, die nicht auf eine volle Ordination verzichten wollten und sich diese von der Nebenlinie geben ließen, aber weiterhin tibetische Buddhistinnen blieben und sich der alten Weisheit ihrer Ahninnen verpflichtet fühlten.

Tenzin Palmo ist eng mit dem Dalai Lama verbunden. Sie ist eine politische Kämpferin, wenn der Begriff »Kämpferin«

auf eine Bodhisattva, die die Befreiung aller Wesen anstrebt, überhaupt zutreffend ist. Ihr spitzes Gesicht ist im Laufe der Jahre gütiger geworden, ihre klaren blauen Augen umspielen Lachfalten. Sie war zwar schon Feministin, als sie in den Sechzigerjahren nach Indien kam, doch sie sagt, ihr feministischer Blick sei erst auf einer großen Buddhismuskonferenz westlicher Lehrerinnen mit dem Dalai Lama in Dharamsala Anfang der Neunzigerjahre richtig geschult worden.

Die Bedeutung und die Folgen einer großen Buddhismuskonferenz

Diese Konferenz hatte der Dalai Lama einberufen, und alle einflussreichen westlichen Lehrer waren dazu eingeladen. Drei Jahre zuvor hatte Seine Heiligkeit der 14. Dalai Lama den Friedensnobelpreis erhalten, und der Boom des tibetischen Buddhismus begann gerade, den Westen zu erfassen. Eine weitere Deutsche, Carola Roloff, die als tibetisch-buddhistische Nonne ordiniert und inzwischen unter dem Namen Jampa Tsedroen bekannt geworden war, hatte im Auftrag Seiner Heiligkeit an der Vorbereitung der ersten Frauenkonferenz mitgewirkt.

An vier von zehn Tagen nahm der Dalai Lama an der Konferenz teil, und auch sein Umdenken soll an jenem Tag begonnen haben, als in der Konferenz eine weitere Deutsche namens Sylvia Wetzel aufstand und spontan eine Rede hielt. Sylvia Wetzel, die heute eine bedeutende buddhistische Lehrerin und Forscherin ist, war damals noch Nonne. Sie gab später ihre Gelübde zurück. Damals brachte sie vor der dort versammelten internationalen Gruppe der Lehrer ein paar Dinge humorvoll auf den Punkt:

»Eure Heiligkeit, ehrenwerte Herren, ich möchte Sie bitten, sich Folgendes vorzustellen: Stellen Sie sich vor, Sie gehen in einen Tempel. Auf dem Altar befindet sich der weibliche Buddha Tara. An den Wänden befinden sich die Thangkas der sechzehn Arhats, der weiblichen Heiligen. Und dann ein Thangka aller Linienlamas, vom Buddha bis zum heutigen Tag. Natürlich sind alle weiblich. Vor all den Nonnen, auf einem Thron, befindet sich Ihre Heiligkeit, *die* Dalai Lama, die sich immer in weiblicher Form reinkarniert, weil diese Form die höherwertigere ist, aber trotzdem Mitgefühl für alle Wesen hat. Nun, Sie als Mann haben hinten zu sitzen, hinter all den Nonnen. Aber keine Angst, wir haben trotzdem Mitgefühl mit Ihnen. Und wenn Sie sich sehr anstrengen, dann können Sie auch als Frau wiedergeboren werden.«[7]

Es muss etwa zu dieser Zeit der wichtigen Konferenz gewesen sein, als der Dalai Lama zum ersten Mal im Interview über eigene weibliche Inkarnationen sprach. Und Tenzin Palmo kündigt in ihren Vorträgen die nächste Welle weiblicher buddhistischer Lehrer an. Schließlich müssen die Nonnen, die sich für höhere Weihen entscheiden, selbst erst lange Jahre ins Retreat, und so sitzt ein Teil der nächsten großen Welle des weiblichen Buddhismus Tibets wahrscheinlich seit Jahren in Höhlen und meditiert (und das ist nicht scherzhaft gemeint!). Wenn diese potenziellen neuen Lehrerinnen aus der langen Abgeschiedenheit zurückkehren, wird die Renaissance der Frauen im Buddhismus endgültig anbrechen.

Tradition und Zeitenwende

Dass es in Tibet eine lange Tradition weiblicher Bodhisattvas gab, steht außer Frage. Bodhisattvas sind all jene, die ihre eigene Absicht auf Erleuchtung dem Wohl anderer unterordnen und deshalb ihr Herz und ihren Geist zunächst dem Wohl aller begrenzten Wesen widmen.

Erneuert wird aber auch die Tradition der weiblichen Yogis. Das sind Togden beziehungsweise Togdenmas (in der weiblichen tibetischen Form), also Trägerinnen geheimen Wissens, die ihren Schwerpunkt auf die Meditation legen. Sie gelten als vollkommen furchtlos und unterziehen sich von klein auf einem strikten spirituellen Training. Ihre geistige Kraft ist so groß, dass sie selbst im Winter eine starke innere Körperwärme herstellen können. Es heißt von ihnen, diese Wärmeproduktion sei so stark, dass sie selbst nasse Decken auf ihren nackten Körpern zum Trocknen bringen könnten, während sie in Tausenden von Metern Höhe vor ihren Höhlen sitzen. Ihr Haar lassen sie wachsen und wickeln es in Rastazöpfen um den Kopf. Sie beherrschen neben dem tantrischen Yoga auch die Techniken der Manipulation von Energien und das Öffnen physischer und psychischer Kanäle. In die Klöster gehen sie nur für eine gewisse Periode, und sie schulen ihre Fähigkeiten im Alleinsein. Auch während der chinesischen Okkupation Tibets sollen viele von ihnen weiter die weibliche Geheimlehre des tantrischen Buddhismus in der Abgeschiedenheit praktiziert haben.

»Mit der Ausbildung beginnt die Gleichberechtigung«, sagte Seine Heiligkeit der 14. Dalai Lama im Juni 2016 auf einer Konferenz des United States Institute of Peace im amerikanischen Washington DC. »Entschiedene Feministinnen aus dem Westen wollen, dass ich Frauen die volle Ordination erteile, dabei überschätzen sie meinen Einfluss.« Noch immer sind die Strukturen des tibetischen Buddhismus ein wenig knöchern, das macht er vor den Tausenden Menschen, die zu seinem Vortrag auf den Universitätscampus nach Washington strömten, an diesem Morgen klar. Da sitzt ein gut gelaunter Mönch, der als spirituelle Leitfigur des tibetischen Buddhismus gleichzeitig die Schwierigkeiten kennt, ein jahrtausendealtes System in nur einer Generation von Gläubigen zu erneuern.

Er hat seine eigene Form gefunden, damit umzugehen. Dazu gehört einerseits die Anerkennung der Traditionen, andererseits sind es aber auch seine klaren Worte, denn in Sachen Geschlechtergerechtigkeit gilt es nicht nur, sich dem Westen und den Gläubigen dort anzupassen. Auch die asiatischen Buddhistinnen begehren umso mehr auf, je mehr Rechte sie bekommen. Wir erleben gerade eine Zeitenwende, wie es sie im Buddhismus vermutlich seit Jahrtausenden so nicht gab, das wird an diesem Morgen klar.

Am Tag seines Vortrags beziehen sich die meisten Fragen der Zuhörer auf die Geschlechtergerechtigkeit im tibetischen Buddhismus. Darauf, so der Dalai Lama, gebe es nur eine Antwort: »Ich glaube, die Zeit ist gekommen, in der der Wandel einsetzt, und ich bin stolz darauf, Teil dieses Wandels zu sein.«[8]

Klöster im Westen

Während Jetsunma Tenzin Palmo für die Wiedererneuerung der weiblichen Linie in Nordindien steht, haben die heute rund zweihundert tibetisch-buddhistischen Klöster Nordamerikas weitere Frauen auf dem Pfad der Erleuchtung hervorgebracht. Deren Schriften und Vorträge finden sehr viel Anklang. Eine spannende Vertreterin der nächsten Generation ist Thubten Chodron, die 1950 in Los Angeles geboren wurde und schon 1971 buddhistische Nonne wurde, nachdem sie zuvor als Historikerin die Uni abgeschlossen hatte. Sie ging danach nach Indien und Nepal, wo sie bei Lama Zopa Rinpoche (der bereits mit Lama Yeshe Zina Rachevsky eingeführt hatte) und dem Dalai Lama tibetischen Buddhismus studierte.

Die als Jüdin geborene Amerikanerin leitete viele Jahre lang das Lama Tzong Khapa Institut in Italien und lehrte danach in Singapur. Sie gründete die Sravasti Abbey im Staat Washington an der amerikanischen Westküste, wo sie heute lebt. Sie ist mit ihren Unterweisungen und Vorträgen weltweit auf Reisen und fällt auf internationalen Konferenzen durch ihre besondere Strahlkraft auf.

Thubten Chodron hat eine eigene Radioshow, die sie von ihrem Kloster aus sendet. Sie kam als Studentin und Anti-Vietnam-Bewegte nach Nepal und entdeckte schließlich den tibetischen Buddhismus für sich. Auch sie fühlte sich zunächst von den Schriften und Lehren Lama Yeshes »gerufen«. Lama Yeshe sprach als männliche Reinkarnation einer berühmten Äbtissin also erstaunlich viele Frauen an.

Allein in Hamburg, so schätzt das dortige Tibetische Zentrum, leben rund achttausend Buddhistinnen und Buddhisten, in ganz Deutschland ungefähr zweihundertsiebzigtausend.[9] Schätzungen der amerikanischen Tricycle Foundation zufolge sind weltweit sechshundert Millionen Frauen buddhistisch. Ihre Anzahl steigt kontinuierlich.

Thubten Chodron war auch dabei, als der Dalai Lama 2014 in Hamburg sprach und Kelsang Wangmo zum ersten Mal der breiten deutschen Öffentlichkeit als Geshe vorstellte, als erste Frau, die in seinem Namen die volle Lehrbefähigung erhalten hatte. Nur wenige der Anwesenden wussten, dass sich hinter ihrem tibetischen Namen Kelsang Wangmo eine Deutsche verbarg, die in jenen Tagen in Hamburg mithalf, für Seine Heiligkeit aus dem Tibetischen ins Deutsche zu übersetzen.

Die Zukunft des Buddhismus, so heißt es, liege im Westen. Und mehr noch: Sie ist weiblich.

KAPITEL 2

»Kerstin lebt jetzt in Dharamsala!«

Kerstin Brummenbaum wird als Kelsang Wangmo zur ersten Geshe des tibetischen Buddhismus

Ehre sei Tara, unserer Mutter –
Großes Mitgefühl!
Ehre sei Tara, unserer Mutter –
Tausend Hände, tausend Augen!
Ehre sei Tara, unserer Mutter –
Königin der Heilkundigen!
Ehre sei Tara, unserer Mutter –
Die Krankheiten überwindet gleich Medizin!
Ehre sei Tara, unserer Mutter –
Ein Fundament wie die Erde!
Ehre sei Tara, unserer Mutter!
Kühlend wie Wasser!
Ehre sei Tara – unserer Mutter –
Zur Reife bringend wie Feuer!
Ehre sei Tara, unserer Mutter –
Alles verteilend wie der Wind!
Ehre sei Tara, unserer Mutter –
Alles durchdringend wie der Raum!
Traditionelles tibetisches Gebet

So männlich, wie es auf den ersten Blick scheint, ist der Buddhismus gar nicht. Tibetische Buddhisten beten wie in diesem alten tibetischen Gebet häufig zu einem weiblichen Buddha, der Tara. Tara versinnbildlicht geschickte Handlungen, Mitgefühl und beseitigt Angst und Schrecken. Sie taucht in einundzwanzig verschiedenen Erscheinungsformen auf und gewährt als Weiße Tara Gesundheit und ein langes Leben.

Dennoch dauerte es bis zum Frühling des Jahres 2011, bis die erste Frau zur weiblichen Gelehrten im tibetischen Buddhismus werden sollte. Kelsang Wangmo wurde am 27. April 2011 nach siebzehn Jahren Studium zur Geshe der Gelug-Tradition ernannt. Sie repräsentiert diese Schule des tibetischen Buddhismus in aller Welt, bei Vorträgen in England, Israel, den USA und schließlich auch in Deutschland. Sie entwickelte sich schnell zu einer gefragten Rednerin, nachdem der Dalai Lama sie 2014 bei seinem Besuch in Hamburg offiziell vorgestellt hatte. So musste sie seit ihrer Ernennung immer wieder Einladungen aus Zeitmangel absagen, denn ihr erstes Augenmerk gilt nach wie vor zunächst einmal ihren Studentinnen und Studenten in Dharamsala.

Anfang der Zweitausenderjahre hörte ich zum ersten Mal von Kelsang Wangmo, die ursprünglich Kerstin hieß und so auch weiterhin von Familie und Freunden in Deutschland genannt wird. Ihre Mutter, Marlies Brummenbaum, mit der ich schon länger beruflich zu tun hatte, erzählte mir eines Tages von ihr. Ich weiß noch, wie Marlies Brummenbaum mir wie beiläufig sagte, dass ihre ältere Tochter als buddhistische Nonne in Indien lebt. Und ich erinnere mich noch, wie ich interessiert aufhorchte.

Bald darauf lernte ich Kerstin persönlich kennen und machte mit ihr eine Radiosendung. Im Anschluss daran trafen wir uns über die Jahre hinweg immer wieder. Bei diesen Treffen konnte ich beobachten, wie sie jedes Mal ein bisschen zunahm, wenn sie in Deutschland war, wie ihr Haar ein wenig wuchs, das gemäß ihrer Religion sonst sehr kurz geschoren war. Ich verabredete mich einmal mit ihr in Köln und bemerkte die Blicke anderer Menschen, die zwar nicht wussten, dass neben mir eine künftige Geshe unterwegs war, die aber vielleicht ihre besondere spirituelle Aura spürten.

Wenn ich gegenüber meinen amerikanischen Freunden erwähnte, dass ich Kelsang Wangmo kenne, war die Reaktion meist: »Was, du kennst Kelsang Wangmo?«, und mir wurde klar, dass sie in den Vereinigten Staaten offenbar längst viel bekannter war als in Deutschland.

An einem Samstagmorgen im Januar 2016 sitzt Kelsang Wangmo neben mir im Intercity-Express Richtung Frankfurt am Main. Sie wird zwei Tage lang buddhistische Unterweisungen im Tibethaus Deutschland halten. Zum ersten Mal auf Deutsch. Sie wird den Auftakt zu einer Reihenveranstaltung mit weiblichen Lehrenden aus aller Welt bilden. Nach ihr wird Tenzin Palmo aus Nordindien anreisen und danach die amerikanische Äbtissin Thubten Chodron aus Washington. Das Tibethaus in Frankfurt, genauer das »Tibethaus Deutschland e.V.«, ist ein Begegnungs- und Studienzentrum, dessen Schirmherr seit 2005 Seine Heiligkeit der Dalai Lama ist. Sein spiritueller Leiter ist S. E. Dagyab Kyabgön Rinpoche.

An diesem Morgen im Zug fällt keinem der Menschen, die mit uns im Großraumabteil sitzen, das Besondere an der Frau auf, die gerade mit ihrer Mutter Marlies den Zug bestiegen hat. Die beiden hatten mir zuvor ihre Sitznummern durchgegeben, ich habe zwei Stationen vor ihnen den Zug bestiegen, und so erwarte ich sie bereits. Kelsang Wangmo trägt an diesem kalten Wintertag eine moderne Daunenjacke über ihrem dunkelroten Gewand und eine Fleecemütze, die ihre kurz geschorenen Haare verdeckt. Dass sie die traditionelle Kleidung einer tibetischen Nonne trägt, fällt offenbar niemandem auf.

Die Einladung ins Frankfurter Tibethaus bestand schon lange, und Kelsang bat mich im Vorfeld darum, eine Übersetzung zu überprüfen. Ihr Deutsch ist nach mehr als zweieinhalb Dekaden in Indien manchmal leicht eingerostet, insbesondere die vielen Begriffe der buddhistischen Terminologie benutzt sie sonst nur in Tibetisch oder Englisch. Mir bereitet es eine immense Freude, wenn ihr schneller Geist wieder einmal davonprescht und im Gespräch zunächst englische Begriffe in den Raum schleudert, die sie dann rasch selbst ins Deutsche übersetzt. All das interessiert mich selbst sehr, weil ich auch im Rahmen meiner eigenen Studien viele Werke der buddhistischen Literatur in Amerika kennenlernte. Ein Semester lang studierte ich an der Uni Berkeley als Gasthörerin Buddhistische Psychologie, kurz nachdem ich Kerstin persönlich getroffen hatte.

Seit Marlies Brummenbaum zum ersten Mal ihre Tochter, die »jetzt in Dharamsala lebt«, erwähnte, sind inzwischen viele Jahre vergangen. Marlies reist in regelmäßigen Abständen nach Nordindien. Sie war auch dort, als ihrer Tochter 2011 der Geshe-Titel verliehen wurde. Es gibt ein kraftvolles, heiteres Foto, das die beiden ein paar Tage vor der Zeremonie zeigt. Beide tragen weiße Seidenschals, die ihnen von Seiner Heiligkeit überreicht worden waren. Seine Heiligkeit der Dalai Lama steht in der Mitte und hält die Hände beider Frauen. Kerstin steht rechts neben ihm und lächelt glücklich. Ihr Gesicht drückt einen gesunden Stolz aus, denn sie hat nach siebzehn Jahren des Studiums etwas derart Bedeutendes geschafft. Es ist das Bild einer Frau in ihren Vierzigern, aber sie sieht wesentlich jünger, geradezu jugendlich darauf aus. Marlies hingegen schaut ein wenig skeptisch in die Ferne, doch ich glaube, sie ist ebenfalls glücklich, und natürlich muss auch sie stolz gewesen sein. Dabei brachte sie der Sache alle Skepsis entgegen, die eine Mutter nur haben kann, die Anfang der Neunzigerjahre glauben musste, ihre Tochter sei an eine dubiose indische Sekte geraten. Denn Kerstin beschloss ja am Ende ihres Auslandsjahres, gar nicht nach Deutschland zurückzukehren, sondern in Dharamsala zu bleiben.

Das alles liegt mittlerweile Jahre zurück, war aber gewiss anfangs nicht einfach für Kerstins Eltern. Ihr Vater, der nach der Trennung der Eltern ein zweites Mal heiratete, lebt ganz in der Nähe der Familie. Mit ihm hat Kelsang Wangmo bei ihrem letzten Besuch wieder viel Zeit verbracht; er ist schwer angeschlagen, seit er einen Schlaganfall hatte, und wohnt nicht weit vom Bungalow der Mutter entfernt. Ihre Schwester ist Tierärztin und lebt mit ihren Kindern und ihrem Mann im Nachbarort.

Kerstins tibetischer Name, Kelsang Wangmo, bedeutet übrigens Folgendes: Kelsang steht für »die Glückverheißende« oder Glückliche. Und Wang steht für »Kraft«. Die Endung »mo« zeigt dabei die weibliche Form an.

Die Anfänge waren nicht einfach

Kerstin erzählte mir einmal, wie schwer ihr die ersten Jahre in dem Institut für Buddhistische Dialektik gefallen seien, in dem sie überwiegend mit tibetischen Mönchen studierte.

Da war die Frustration, die immer wieder in ihr aufgekommen sei, da es ihr anfänglich schwerfiel, sich in einer Gesellschaft zurechtzufinden, in der viele Dinge ganz anders erledigt werden als in der westlichen Kultur. Ein bezeichnendes Beispiel dafür ist der Umgang mit Geschenken: Wenn sie ihrem Lehrer ein Geschenk machte, betrachtete er es von außen, dann legte er es fort, denn es schickt sich nicht, ein Geschenk gleich zu öffnen, wenn man es erhält. Da ihr diese Sitte zunächst nicht geläufig war, fühlte Kerstin sich geradezu brüskiert.

In dieser Zeit war es, als die Novizin Kerstin von ihrem Lehrer »Gefühls-Jojo« genannt wurde, da es ihr offensichtlich noch an der Ausgeglichenheit und Gelassenheit der Tibeter fehlte. Kerstin fand sich zudem nur schwer in die tibetische Rangordnung ein, nach der zum Beispiel von ihr erwartet wurde, dass sie während des Unterrichts hinter den Mönchen sitzt. Diese Gepflogenheiten empfand sie anfangs als ungerecht und frustrierend.

Im Lauf der Jahre lernte sie, ihr eigenes Ego zu verringern. Sie stellte fest, dass die Mönche vieles nicht so harsch meinten, wie es auf sie wirkte, und dass sie gar nicht sie persönlich meinten, wenn sie sich an die von ihnen erlernte Rangordnung hielten.

Doch damit nicht genug. Sie pendelte damals zwischen ihrem Studienort, an dem sie nur mit Mönchen studierte, und dem Frauenkloster, in dem sie während des ersten Jahres ihres Studiums wohnte.

Selbst die tibetischen Nonnen dort wollten ihre anfängliche Aufregung nicht recht verstehen. Gleichberechtigung der

Geschlechter? Das war ihnen als Anliegen fremd. Es passte nicht in die Kategorien, in denen sie lebten. Außerdem sind die Tibeter sehr darauf bedacht, Negatives grundsätzlich nicht so aufzubauschen, dass ein Problem entsteht. Das bildete eine weitere Hürde für die gebürtige Deutsche, die zwar immer tibetischer wurde, aber längst nicht in allem.

Kelsang Wangmo erzählte mir selbst dazu: »Frauendiskriminierung war ein großes Problem für mich. Was ich aber begriff, war, dass es gar nicht immer um das ging, für das ich es hielt. Viele feministische Gefühle, die ich hatte, entpuppten sich als eigene Aggression und ein ziemlich fettes Ego. Nicht dass es da nicht noch was zu verbessern gäbe in dieser Gesellschaft, Frauen sind hier nicht gleich – aber das sind sie auch nicht in der Gesellschaft, aus der ich stamme. So hatte ich zwar anfänglich ein Problem damit, hinter den Mönchen sitzen zu müssen. Aber ich meine, mal ehrlich: Was ist daran schwierig? Ich werde ja nicht besser oder schlechter, wenn ich hinter ihnen sitze.«

Ein Vortrag im Frankfurter Tibethaus

Erneut im Januar 2016. Im Frankfurter Tibethaus ist das Thema der zweitägigen Unterweisung »Die Drei Arten des Abhängigen Entstehens«. Der Titel mag für Nicht-Buddhisten ein wenig rätselhaft klingen. Es geht dabei unter anderem um Anhaftung, also den Umgang mit den eigenen störenden Emotionen. Für Buddhistinnen und Buddhisten gehört dieser Unterricht zur regelmäßigen Psychohygiene. Sie ist kein Zwang, es macht das eigene Innenleben aber auf Dauer leichter, ab und zu mithilfe der Unterweisungen für Klarheit zu sorgen.

Die Lehrerinnen und Lehrer im Frankfurter Tibethaus stammen sowohl aus der tibetischen als auch aus der westlichen Kultur. Loden Sherab Dagyab Kyabgön Rinpoche, der Initiator des Frankfurter Tibethauses, stammt selbst aus Tibet, ging 1966 an die Universität Bonn und lehrte dort am Lehrstuhl für Tibetologie.

Auf Wunsch einiger am Buddhismus Interessierter begann er in den Achtzigerjahren, als spiritueller Lehrer innerhalb von Europa zu reisen. Daraus bildete sich die Buddhistische Gemeinschaft, die das Tibethaus Deutschland e.V. schuf.

Auch in Hamburg gibt es ein Tibetisches Zentrum, und über das ganze Land verteilt gibt es Städtegruppen sowie Kurse und Seminare in Tagungshäusern und an Universitäten.

Tatsächlich ist der tibetische Buddhismus in Deutschland nicht vollkommen neu, er erlebte seinen ersten Boom hier bereits in den Zwanzigerjahren des vergangenen Jahrhunderts. Neben den offiziellen zweihundertsiebzigtausend Praktizierenden in Deutschland scheint es so etwas wie eine »Dunkelziffer« zu geben, denn Kelsang Wangmo erzählte mir, dass der Dalai Lama rät, ruhig auch als Christ den Buddhismus zu praktizieren, und dass es nicht nötig sei, gleich die Religion zu wechseln. Laut dem Dalai Lama ist es besser, erst einmal die kulturellen Unterschiede kennenzulernen, bevor man sich entscheidet, Buddhist zu werden. Tatsächlich kennt der Buddhismus auch kein Beitrittsritual, das mit unserer christlichen Taufe vergleichbar ist. Erst westliche Konvertiten bestanden darauf, und so gibt es dieses »Ritual«, den Eintritt in den

Buddhismus, nur für Neu-Buddhisten aus der westlichen Hemisphäre. Entscheidend ist, dass ich beschließe, Zuflucht zu nehmen, Zuflucht in Buddha, in das Dharma (die Lehren des Buddhas) und die Sangha (andere Praktizierende), sprich: Dass ich der Lehre Buddhas, der in vielen Schriften sogar geschlechtslos dargestellt wird, folge.

Die buddhistische Praxis beziehungsweise die traditionelle Lehre eröffnet im Alltag erstaunliche Perspektiven. So gibt es für Situationen, die uns in Bedrängnis bringen, diese interessante Übung: Wir betrachten darin alle fühlenden Wesen als unsere Mutter. Das bedeutet, dass in der Reinkarnationslehre selbst der, der uns gerade sehr zusetzt und uns vielleicht das Leben zur Hölle macht, in einem früheren Leben sogar einmal unsere Mutter gewesen sein kann, oder wir die Mutter des anderen waren. Mein eigenes westliches Ego schüttelte innerlich mit dem Kopf, als ich das zum ersten Mal hörte, aber es geht um ein offenes Herz und auch darum, sich für den anderen Menschen zu interessieren und sich seiner anzunehmen.

Das Frankfurter Tibethaus ist ein eher unscheinbares Haus von der Größe einer kleinen Turnhalle, es erweist sich in seinem Innern aber als sehr komfortabel. Über eine Treppe gelangen wir in den ersten Stock. Dort befinden wir uns in einem sehr geschmackvoll eingerichteten Trakt, in dem der Tibetshop des Vereins untergebracht ist. Durch eine große Wohnküche und eine Bibliothek hindurch gelangen wir in einen prachtvollen Vortragsraum, der eher einem kleinen Tempel ähnelt. Auf dem Boden liegen dunkelrote Matten, darauf kleine Sitzkissen im selben Rot, im hinteren Teil des

Raumes zwei Stuhlreihen beidseitig des Mittelgangs. Vorne befinden sich zwei große Schränke, in denen tibetische Schriften in kleinen, mit gelbem Stoff umhüllten Bündeln gelagert sind. Sie sind mit kleinen Zetteln versehen, deren exotisch wirkende tibetische Beschriftungen auf den Inhalt verweisen. In der unteren Hälfte der Schränke stehen hinter je einer Reihe von Kerzen blank polierte Messingschalen und dahinter Buddhastatuen aus Kupfer oder Messing auf kleinen gelben oder ganz bunten Stoffkissen. Dazwischen befinden sich sehr stilvolle Gebinde mit Orchideen, deren Duft den Raum erfüllt. In der Mitte des Raumes steht hinter einem großen, opulenten Blumengebinde aus Mohn, Rosen, Löwenmäulchen und Rosen in kräftigen Farben ein kleiner Altar, vor den sich Kelsang Wangmo setzen wird. Hinter dem Altar hängt an zentraler Stelle ein Wandbehang, daneben Bilder berühmter buddhistischer Lehrer. Direkt rechts neben Kelsang Wangmo steht ein großes Bild des Dalai Lama.

Gut zwei Dutzend Menschen sind zusammengekommen, ein Drittel davon ist männlich. Fast alle sind praktizierende Buddhistinnen und Buddhisten. Einige Rituale, wie das tiefe Verneigen beziehungsweise die Niederwerfungen am Anfang, erscheinen für Außenstehende etwas fremd, auch Kelsang Wangmo fielen sie anfänglich schwer. Heute leitet sie sie an.

In der Reihe vor mir am Boden sitzen mehrere westliche tibetische Nonnen und Mönche aus Frankfurt und Bielefeld im vollen Habit. Nach einem kurzen Einstimmen mit Gebetstexten auf Deutsch und einer Vorstellung der Referentin durch die Leiterin des Tibethauses beginnt Kelsang Wangmo mit ihrem ersten Vortrag. Sie war sich vor der Veranstaltung nicht sicher, ob ihr die erste Unterweisung auf Deutsch gelingen würde, nun kommt sie aber schnell in einen schönen Redefluss.

Kelsang hält ihren Vortrag frei und trägt ihr Thema »Die drei Arten des abhängigen Entstehens« mit viel Humor vor. Es geht darin um Mitgefühl, Emotionen, die uns im Weg stehen, Projektionen, unechte und eingebildete Gefühle, wahre Phänomene und das, was wir in unserem Kopf als ein Problem wahrnehmen, aber in Wahrheit nur eingebildet ist. Kelsang Wangmo gewährt einen tiefen Einblick in die Welt, in der sie seit über zwanzig Jahren als Nonne lebt. Was existiert wirklich, und was bilden wir uns nur ein? So lautet eine der Fragen. Wann und wie entstehen Abhängigkeiten aus Sicht der tibetischen Philosophie?

Hier ein Auszug aus der Unterweisung.

Auszug aus der Unterweisung von Kelsang Wangmo

Vom buddhistischen Standpunkt aus betrachtet, ist es einfacher, selbst Erfolge zu erzielen, wenn man die Fähigkeit besitzt, sich mit anderen oder über andere zu freuen. (Indem man sich am Erfolg und dem Wohlergehen anderer erfreut, erzeugt man auch das Karma, das zu ähnlichem Erfolg und Wohlergehen führt.) Es entsteht dann eine ganz andere Offenheit und Energie. In der Lebenspraxis macht das Sinn, denn wenn ich mich nicht für den anderen freue, geht es mir deshalb ja nicht besser, und damit ist auch die Chance, selbst erfolgreich zu sein, gleich geringer. Erst wenn ich die Erfolge des anderen mit genießen kann, strahlt etwas von dieser Energie auf mich zurück.

Ein anderer Punkt, den ich durch diese Fähigkeit lernte, war, dass die Trennung zwischen mir und dem anderen nicht so groß ist, dass wir nicht in einen besseren Kontakt miteinander kommen. Der Gemeinschaftssinn wird größer, und es entsteht ein besseres Verständnis für die eigene Vergänglichkeit. Das Bewusstsein darüber macht uns zu besseren Menschen, denn die Konsequenz ist, dass ich mir und dem anderen die Zeit bis dahin möglichst angenehm mache.

Dazu kommt noch das Problem mit dem sogenannten Selbsthass. Dieser ist nichts als Zeitverschwendung. Selbsthass ist etwas, das nur wir im Westen kennen. Ich machte einmal eine Übersetzung für einen hohen Lama in Nordindien, und es kam eine Frage aus dem Publikum. Da sprach ein Mann aus dem Westen über Selbsthass, und als ich es ins Tibetische übersetzen sollte, sah ich plötzlich das Problem: Die Tibeter kennen das Wort gar nicht, und sie kennen auch dieses Gefühl nicht. Es ergibt schließlich auch gar keinen Sinn. Man konzentriert sich auf einen negativen Punkt, und dann wird er um das Zehnfache und mehr aufgeblasen, bis im Kopf nichts anderes mehr Platz hat, man sich nur noch schlecht fühlt und gar keine Energie mehr hat.

Dabei ist es nichts als eine Täuschung, eine falsche Vorstellung, denn das ist man ja nicht. Zunächst einmal ist man nicht die schlechte Eigenschaft. Man sagt ja: »Ich habe eine schlechte Eigenschaft.« Das bedeutet ja schon, dass das Ich und die schlechte Eigenschaft nicht eins sind. Auch sind schlechte Eigenschaften vergänglich, und man kann sie ändern und überwinden. Und das ist ja nicht nur das, ich bin ja noch viel mehr. Wenn man sich einmal besinnt und daran erinnert, welche guten Qualitäten man hat, wie schwer ist es dann eigentlich, sich selbst zu hassen?

Hier zu beginnen und sich vor allem auf die positiven Eigenschaften zu besinnen öffnet ein großes inneres Reservoir, und ich *denke, das ist ein Punkt, bei dem der Westen vom Buddhismus lernen kann. Unsere Einsichten sind oft engstirnig, wir fixieren uns auf einen Punkt und machen ihn künstlich groß, aber wir sehen nicht das Ganze, und dadurch bleibt unsere Sicht künstlich und einseitig. Das große Ganze zu sehen ist die Idee des abhängigen Entstehens, denn man ist nicht nur »ich« und der andere ist eine andere Person, sondern man sollte auch die Umstände in Betracht ziehen, die uns und andere zu bestimmten Handlungen gebracht haben können.*

(…) Buddha sagt, wir haben ein so großes Potenzial, unser Bewusstsein hat ein so großes Potenzial, das wir nicht ausschöpfen, weil wir glauben, dass die Dinge so sind, wie wir sie sehen, und an diesem Glauben festhalten.

Wir sind wirklich Sklaven unserer Wut, unserer Missgunst, unserer Eifersucht. Dies ist allerdings ein zeitweiliger Zustand, in dem wir uns nur befinden, solange wir nicht erkennen, wie die Dinge wirklich sind.

Wenn wir herausfinden wollen, was wirklich existiert, können wir das mit den drei Arten des abhängigen Verstehens. Die Dinge existieren, aber nicht ihnen innewohnend, nicht selbst definierbar, nicht inhärent, sondern abhängig von anderen Dingen.

Abhängiges Entstehen, was heißt das? Die erste Art des abhängigen Entstehens, die am leichtesten erkennbare, ist die Abhängigkeit von Ursachen und Bedingungen. Statt Bedingungen benutzen viele Übersetzer im Deutschen auch das Wort »Umstände«. Die Idee ist, dass alles eine Hauptursache hat, und dann sind es andere Komponenten, die eine indirekte Rolle spielen. Das klassische Beispiel ist ein Samen, der zum Sprössling wird. Die Hauptursache ist dabei der Samen. Er wird zum Sprössling, aber nur durch weitere, andere Bedingungen, die zu Umständen werden, also Wärme, Dünger, Wasser, die auch zu diesem Sprössling führen. Der Grund dafür, dass wir hier zwei Dinge ansprechen, also Ursache und Umstand (die Bedingungen), liegt darin, dass nichts existiert, das nur eine einzige Ursache hat. Es wäre in diesem Beispiel unmöglich, dass man zwar einen Samen hat, aber nichts weiter, in der Folge könnte daraus nie ein Sprössling werden. Man benötigt Sauerstoff, eine bestimmte Wärme und alle weiteren Bestandteile, anders käme der Samen nicht zum Wachstum. Alles was existiert, hat eine Hauptursache, aber auch andere Bedingungen, die dieses Objekt zum Existieren bringen. Das gilt für alle vergänglichen Dinge. In jeder Minute hat jedes dieser Objekte eine Bedingung und eine Ursache, damit es existieren kann, das ist die erste der Abhängigkeiten.[1]

»Was war eigentlich die erstaunlichste Erkenntnis, die du hattest, als du Tibetisch gelernt hast?«, fragte ich Kelsang Wangmo am Rande der Veranstaltung in Frankfurt. Und sie antwortete: »Du musst kreativ sein.« So musste sie beim Erlernen der tibetischen Sprache Cleverness beweisen. Als sie an ihrer buddhistischen Hochschule (IBD) hauptsächlich mit dem Alttibetisch der Gelehrten konfrontiert wurde, musste sie gleichzeitig das Alltagstibetisch erlernen, denn das ist es, das die Exiltibeter sprechen. Anfänglich verstand sie nur sehr wenig Alltagstibetisch und war kaum in der Lage, sich verständlich zu machen. Darum war es schwierig für sie, jemanden zu finden, der mit ihr übte.

Weil es darüber hinaus auch damals fast keine Sprachbücher gab, »erfand« sie für sich eine interessante Methode:

Sie nahm die Gespräche auf, die sie mit ihren Mitstudenten oder tibetischen Freundinnen aus dem Nonnenkloster führte. Dann hörte sie sich diese Aufnahmen in ihrem Zimmer noch mehrmals an, um sich mit den verschiedenen Redewendungen vertraut zu machen. Damals gab es noch Audiokassetten, und sie verwendete einen alten Kassettenrekorder. Immer wieder bat sie ihre Mitstudenten und andere darum, die Geschichten, die sie ihr erzählten, aufnehmen zu dürfen. Um besser sprechen zu können, führte sie zusätzlich Selbstgespräche auf Tibetisch oder machte es sich zur Gewohnheit, auf Tibetisch zu denken. Das half ihr dabei, die anfängliche Sprachbarriere zu überwinden.

Nach all den Jahren, in denen ich »Kerstin-Kelsang« nun schon so gut zu kennen glaubte, begann ich jetzt erst, die Tiefe und die vielen neuen Dimensionen ihrer Religion zu begreifen. Da tauchten plötzlich neue Fragen auf und durch sie weitere, und so war ich froh, dass wir uns kurz nach der gemeinsamen Reise nach Frankfurt zu ihrer Unterweisung zu einem langen Gespräch zu zweit verabredet hatten.

Als sie mich fragte, worüber ich denn mit ihr reden wolle, sagte ich: »Glauben und Gelübde, vor allem aber über das Glück, buddhistische Nonne zu sein.«

KAPITEL 3

»Lass uns über Glück und Gelübde sprechen!«

Ein Gespräch mit Kelsang Wangmo[1]

AS: *Lass mich mit einer ganz unerwarteten Frage beginnen, die mich aber persönlich einfach interessiert: War es wirklich Schokoladenkuchen, der dich ursprünglich nach Dharamsala lockte?*

KW: Ja, das stimmt, während meiner Reise durch Nordindien hatte ich gehört, dass es in Dharamsala sehr guten Schokoladenkuchen geben soll. Das hat mich gelockt.

AS: *Wie lange ist es her, dass du aus Deutschland aufgebrochen bist?*

KW: Das ist nun sechsundzwanzig Jahre her, ich bin mit achtzehn losgezogen. Kurz nach dem Abitur bin ich erst einmal nach Israel, war dann kurz in der Türkei, dann ging es weiter nach Asien. Ich habe eine ganze Weile in Japan gearbeitet, und 1990 kam ich dann nach Indien. Nach etwa elf Monaten – im April 1991 – wurde ich Nonne. Danach wollte ich gleich so wie die Mönche in den Bergen meditieren, was etwas verrückt war, denn aus heutiger Sicht kommt mir das so vor, als sagt jemand, ich will nicht zum Kindergarten, in die Grundschule oder aufs Gymnasium, sondern ich gehe sofort auf die Universität. Das konnte nicht funktionieren, denn ich hatte gar keinen Bezug zum Buddhismus beziehungsweise wusste wirklich nur sehr wenig darüber. Also habe ich mich entschlossen, doch erst Tibetisch zu lernen, habe meine Sachen zusammengepackt und bin aus meinem Hüttchen ausgezogen.

AS: *Hüttchen? Du hattest eine Hütte?*

KW: Ja, ein kleines Steinhäuschen mit nur einem Zimmer, es gab kein Bad. Draußen gab es eine Gemeinschaftstoilette, das war eher ein Plumpsklo mit Kacheln, darin ein großes

Loch, in dem alles in den Boden hineinfiel. Ich hatte in der Hütte auch kein Wasser, das musste ich mir immer an einer Art öffentlichem Wasserhahn holen. Ich habe mich aber sehr wohl dort gefühlt, denn dieses Häuschen lag etwas abgeschieden im Wald. Als mir jedoch klar wurde, wie wenig ich über den Buddhismus wusste, zog ich wieder aus und ging ans Institut für Buddhistische Dialektik (IBD). 1993 habe ich dort mit einem Studium begonnen und 2009 meine letzte Prüfung abgelegt. 2011 bekam ich dann den Titel einer Geshe.

AS: *Als du dort hingingst, hattest du eine romantische Vorstellung vom Buddhismus, oder?*

KW: Ja, bestimmt. Ich denke, die hat man häufig, wenn man den Buddhismus anfänglich kennenlernt. Ich näherte mich dem tibetischen Buddhismus zunächst über die tibetische Philosophie. Die Tibeter und ihre Kultur haben mich anfänglich nicht so sehr interessiert, mein Interesse war eher oberflächlich. Ich hatte den Buddhismus schon ein wenig in Thailand kennengelernt.

Von dort reiste ich weiter nach Indonesien und dann weiter nach Indien. Als ich in Indien ankam, war es dort schon Frühsommer und bereits sehr heiß, also bin ich von Varanasi und Manali weiter nach Dharamsala. Dort wollte ich ursprünglich nur zwei Wochen verbringen. Ich dachte, ich schau mir das alles mal in Ruhe an. Vor zwei oder drei Jahren fand ich Fotos wieder, die ich damals als Reisende machte. Es ist witzig, dass ich damals als Touristin schon die Menschen fotografiert habe, mit denen ich erst später viel zu tun hatte. Die Fotos zeigen sogar Mönche meiner Schule. Ich habe sie beim Debattieren fotografiert.

Zu dem Zeitpunkt wusste ich auch noch recht wenig über die Tibeter. Doch dann begegnete ich dem Buddhismus, damals noch nicht gleich in der tibetischen Form, sondern erst einmal dem Theravada-Buddhismus, den ein Inder dort unterrichtete.

Dieser Mann gibt auch jetzt noch Kurse in Amerika. Damals hat er die Grundlagen des Buddhismus unterrichtet, zum Beispiel Achtsamkeit, also die Basics und nicht den tibetischen Buddhismus in der überwältigenden Form, die er zuweilen haben kann.

Damals weckte das schon mein großes Interesse an der buddhistischen Philosophie. Die Tibeter brachte ich damit damals noch nicht einmal in Verbindung. Ich hatte sogar anfangs in Dharamsala mal an einer öffentlichen Audienz des Dalai Lama teilgenommen. Den fand ich natürlich sehr freundlich und interessant, aber dieser Besuch löste noch immer nichts in mir aus. Nach dem Kurs veranstaltete der indische Lehrer dann ein Retreat in einem buddhistischen Zentrum namens Tushita, das noch heute sehr beliebt ist in Dharamsala. Dort waren im Sommer Räume für seinen Kurs frei geworden, denn der Monsun hatte schon begonnen, was zur Folge hatte, dass die meisten anderen Schüler diesen Ort als zu anstrengend empfanden und sich lieber nicht dort aufhalten wollten. So hatte mein Lehrer die Übernachtungsplätze bekommen, um seinen Kurs zu geben.

Dort stieß ich zum ersten Mal auf Lama Yeshes Buch *Wisdom Energy*. Das hat bei mir etwas ausgelöst, denn ab da zog mich der tibetische Buddhismus an. Plötzlich wurde mir klar, was für eine Herausforderung die tägliche Praxis dieser Religion ist. Mir war überhaupt nicht klar, wie schwierig das ist, und dass man es selbst bei großer Kenntnis noch längst nicht anwenden kann. Das ist so wie bei gesunder Ernährung. Du weißt schon, was gut für dich ist, und kannst das dennoch nicht gleich vollkommen befolgen.

AS: *Meinst du damit speziell den tibetischen Buddhismus?*

KW: Nein, generell, wobei der tibetische Buddhismus noch umfangreicher ist als andere Formen des Buddhismus, denn es gibt darin viele Stufen, voneinander abweichende Traditionslinien etc. Dadurch, dass der Buddhismus erst spät nach Tibet kam, sind viele Lehren, die es damals in Indien gab, die zuvor noch geheim waren, direkt nach Tibet exportiert worden. Dazu zählt auch das Tantra, das zwar ansatzweise nach Japan kam, aber in den anderen buddhistischen Ländern wenig oder gar keine Bedeutung fand. Dadurch, dass die tantrischen Lehren zu dieser Zeit, als der Buddhismus den Weg nach Tibet fand, nicht mehr so geheim waren, kam das Tantra gleich nach Tibet. Für viele ist all das sehr überwältigend. Man benötigt sehr viel Zeit, all diese Richtungen und Zweige ordnen zu können, und sollte Tantra auch nur praktizieren, wenn man genügend Erkenntnisse im sutrischen oder grundlegenden Buddhismus erlangt hat. Die Basis des Buddhismus für einen Mönch in Burma oder Thailand ist übrigens in etwa die gleiche wie für einen Mönch in Tibet.

Am Anfang hatte ich so enorme Erwartungen an die Mönche, dass ich dachte: Oh, das ist ein Mönch, der muss doch dies und das können! Und wenn er dann mal etwas tat, von dem ich entrüstet dachte: Hey, das macht doch ein Mönch nicht!, war das vielleicht der Hauch von Verklärung, den ich anfangs mal hatte im Hinblick auf den Buddhismus. Ich musste erkennen: Das sind auch nur Menschen, und der eine kann es in bestimmten Bereichen vielleicht anwenden, in anderen weniger oder gar nicht, obwohl er Mönch ist. Der Punkt ist, dass die spirituelle Praxis sich als sehr schwierig erwies und diese romantische Vorstellung, dass alle Tibeter so besonders sind oder alle so wundervoll wie der Dalai Lama sein könnten, davon habe ich mich schnell verabschieden müssen.

AS: *Lass uns über Tantra sprechen – da denkt der Westen auch an etwas anderes, als du es meinen könntest, oder?*

KW: Oh ja, das ist ein Missverständnis, das hat nichts mit Sex zu tun.

AS: *Wie würdest du Tantra aus deinem buddhistischen Wissen heraus definieren?*

KW: Das sind verschiedene sehr fortgeschrittene Meditationstechniken.

Es gibt den tantrischen Buddhismus und den nicht-tantrischen Buddhismus. Der nicht-tantrische Buddhismus beruht auf der grundlegenden, bekannten Methode: Man macht sich mit etwas vertraut, man meditiert, ist achtsam. Das Tantra bietet besondere Techniken an, und für diese Techniken sollte man zunächst über eine Basis aus dem nicht-tantrischen Buddhismus verfügen, damit man schon über das dafür nötige Bewusstsein verfügt. Die Tantra-Techniken sind eine Geheimlehre für die Meister darin. Im nicht-tantrischen Buddhismus versucht man, bestimmte Reize einfach zu vermeiden. Man versucht, sich ihnen nicht auszusetzen, weil das sonst zu überwältigend sein kann.

Die weibliche Energie steht im tantrischen Buddhismus übrigens für die Weisheit und die männliche für das Mitgefühl.

AS: *Zwei verschiedene Energien also!*

KW: Die Erscheinungsformen der Buddhas, die diesen beiden Energien zugeordnet sind, versinnbildlichen somit Weisheit und Mitgefühl. Jedes Mal, wenn wir einen Gedanken haben, geht dieser mit einer Energie einher. Im nicht-tantrischen Buddhismus versucht man, mit den Wahrnehmungen zu arbeiten, also wenn ich merke, dass ich wütend werde, versuche ich, ein Gegenmittel gegen die Wut anzuwenden. Wenn ich merke, dass ich zum Beispiel falschen Vorstellungen anhafte, versuche ich, ein Gegenmittel zur Anhaftung anzuwenden. Im nicht-tantrischen Buddhismus arbeitet man dergestalt mit dem Bewusstsein, dass man versucht, bestimmte negative Geisteszustände zu vermeiden. Wenn man schon weit fortgeschritten ist, kann man sich tantrischer Methoden bedienen und mit den Energien dieser negativen Zustände selbst arbeiten, um sie in einen positiven Zustand umzuwandeln.

AS: *Das klingt schwierig!*

KW: Ja, allerdings kann tantrische Praktik auch gefährlich sein, wenn man nicht die nötige Grundlagen besitzt. Tantrische Praktiken sind noch immer geheim. Und Tantra, das im

Westen als solches ausgegeben wird, ist oft verfälscht oder berührt nur die Oberfläche dessen, was die tibetischen Experten mit Tantra meinen. Die richtigen Anwendungen für die regelmäßige Praxis vermitteln nur die hohen, tantrischen Lehrer, und dies häufig auch überwiegend mündlich an besonders qualifizierte Schüler.

AS: *Manchmal frage ich mich, ob es einen Ort gibt, an den wir uns immer wieder zurücksehen und den wir nicht benennen können. Für mich ist die Meditation eine Möglichkeit, an so einen Ort zu gelangen. Ich habe früher viele Jahre Zen praktiziert, es birgt eine emotionale Erfahrung, die ganz schwer zu beschreiben ist in ihrem totalen Frieden.*

KW: Das ist gut möglich, denn eine solche Erfahrung machen wir ja immer, wenn wir höhere Bewusstseinszustände erreichen. Den meisten Leuten kann man das Wort »Bewusstsein« im buddhistischen Zusammenhang nicht unbedingt vermitteln. Einige meiner Bekannten in Deutschland schauen mich schon etwas schräg an, wenn ich nur das Wort benutze.

AS: *Da möchte ich dir widersprechen, denn ich denke, während der letzten sechsundzwanzig Jahre deiner Abwesenheit hat sich in unserer Kultur hier in Mitteleuropa viel verändert, was New Age oder Neues Bewusstsein betrifft.*
KW: Okay.

AS: *Aber ich möchte dich noch etwas anderes fragen: Wie wichtig sind die Lehrer in der buddhistischen Tradition? Und wie*

viele Träger geheimen, alten Wissens, wie beim Tantra, gibt es
überhaupt heute noch?

KW: Ich hoffe, es gibt noch sehr viele davon, aber wenn es
sie gibt, würden sie es öffentlich nicht bekannt geben.

AS: *Gehört das auch dazu, nicht darüber zu sprechen?*

KW: Jemand, der sagt, er sei etwas Besonderes, sendet uns
ja schon ein Zeichen, dass da ein Ego mit im Spiel ist. Es gibt
natürlich Situationen, in denen beispielsweise der Dalai Lama
im privaten Rahmen bezüglich des geheimen Wissens eventuell erwähnt: »Ich habe damit schon Erfahrungen gemacht und
kann dir einen Rat geben«, aber öffentlich würde er darüber
nicht sprechen. Im tibetischen Buddhismus besteht eher die
Tendenz zu sagen: »Ich bin nur ein ganz normaler Mensch wie
jeder andere.« Da stellt sich natürlich die Frage, wie findet man
dann heraus, ob jemand Träger geheimen Wissens ist? Den
Worten kann man nicht unbedingt glauben, man findet es
durch Beobachtung heraus: Wie ist diese Person, wie verhält
sie sich in bestimmten Situationen, welchen Einfluss haben die
Unterweisungen auf einen? Meine eigene Erfahrung und die
vieler anderer Menschen ist: Wenn man sich in der Gegenwart
des Dalai Lama befindet und er vielleicht die gleichen Worte
spricht wie andere Menschen auch, haben diese Worte allerdings eine vollkommen andere Wirkung. Es ist so, dass er
selbst die Meisterschaft in geheimen Lehren erlangt hat und
viele große Meister sich von ihm unterweisen lassen. Aber der
Punkt ist noch ein anderer, nämlich der, dass jemand, der das
unterrichtet und auch selbst praktiziert, einen ganz anderen
Einfluss auf die Leben anderer Menschen hat.

AS: *Wir sprechen von Energie und Resonanz?*

KW: Das wäre vielleicht die wissenschaftliche Betrachtung dessen, dass wir energetische Wesen sind und auf etwas reagieren. Der Punkt ist vielmehr, dass es einen viel mehr berührt, wenn der Dalai Lama etwas sagt, als wenn wir mit anderen Menschen reden. Es ist vielleicht vergleichbar mit jemandem, der Yoga in der Theorie gelernt hat. Er kann die verschiedenen Übungen, den Nutzen von Yoga erklären – er kann das alles sicher richtig wiedergeben. Aber jemand, der tatsächlich die Übungen macht und aus der eigenen Erfahrung spricht, kann uns wahrhaft etwas vermitteln, das einen ganz anderen Einfluss auf uns hat. Wenn jemand etwas selbst lebt, wird eine ganz andere Emotion übertragen, und es entsteht eine vollkommen andere Verbindung zum Gegenüber. Deswegen ist es auch wichtig, dass man von so hohen Lamas persönliche Unterweisungen bekommt. Das muss nicht bedeuten, dass man mit ihnen allein ist, es kann auch in einer Gruppe sein. Jedenfalls würden diese Lamas nie von sich sagen, sie seien etwas Besonderes. Wenn jemand eines so hohen Ranges aber von sich sagt: »Ich bin nur ein ganz normaler Mensch«, wird man neugierig und dann beginnt man, diese Person zu beobachten und zu analysieren. Schließlich stellt man fest, dass die Art, wie sie sich bewegt oder spricht, authentisch ist, dann erst kann man sagen: »Das ist jemand, den ich als Lehrer annehmen kann« – oder auch nicht.

Man sollte da auch nichts übereilen. Man sollte sich Zeit lassen, nach innen schauen, sich fragen: Wie fühle ich mich in Gegenwart der Person des Lamas? Oder man spricht zunächst mit anderen Personen, die einem sagen können, ob die Person in ihren Augen »etwas Besonderes« hat. Später kann man es selbst herausfinden. Ich habe zum Beispiel einen Lehrer, den finde ich wahnsinnig beeindruckend! Der hat einen sehr starken Einfluss auf mich. Einige in meinem Umfeld können das nicht verstehen, da er keinen hohen Rang hat und etwas zurückgezogen lebt. Aber was zählt, ist die persönliche Verbindung, die man mit jemandem eingeht. Ich kenne Menschen, die haben diese starke Verbindung zueinander, und andere haben sie überhaupt nicht. Von daher ist es etwas ganz Persönliches. Wenn man sich auf das Tantra einlassen will, ist es unerlässlich, einen Lehrer zu haben, denn er kennt die geheimen Pfade und Techniken, auf denen man bildlich gesprochen sehr schnell am Abgrund entlanglaufen kann. Er leitet einen gut an, ohne ihn wäre es gar nicht möglich. Ich bin in Dharamsala mal einem Westler begegnet, der das Tantra praktiziert hat, aber sich nicht an die Anweisungen seines Lehrers gehalten hat. Er hat Bewusstseinsübungen gemacht, die viel zu fortgeschritten waren, und ist irgendwann durchgedreht.

AS: *Daran musste ich vorhin schon denken. Freunde von mir waren lange Zeit im diplomatischen Dienst in Indien tätig, und sie erzählten mir, dass sie dort ein Spezialproblem gehabt hätten, nämlich, dass junge Menschen ihren Gurus um den halben Globus nach Indien gefolgt seien und dann nicht selten mit einer Psychose vor der Botschaft standen und um Hilfe bitten mussten. Das muss sehr anstrengend gewesen sein. Die hatten teilweise monatelang in einer Höhle gehaust und schafften die Reintegration in die Gesellschaft nicht mehr, hatten* *dann auch kein Geld mehr. Ist Dharamsala auch ein Wall-fahrtsort für solche Menschen? Bietet nicht auch der tibetische Buddhismus eine perfekte Projektionsfläche für Menschen, die ihr Seelenheil suchen?*

KW: Ich muss zugeben, dass ich von dieser Perspektive auf die Sinnsuchenden hier in Deutschland wirklich wenig Ahnung habe, denn wenn ich hier bin, dann ist mein direktes Umfeld nur meine nächste Familie. Nach Dharamsala kommen jedoch sicherlich immer wieder Westler, die an psychischen Problemen leiden und die unrealistische Vorstellung haben, dass die Lamas und die buddhistische Lehre diese Probleme unmittelbar heilen können. Oder meinst du die Suche nach dem mystischen Tibet und nach Shambhala, dem der Überlieferung nach »reinen Land der Buddhisten«?

AS: *Guter Punkt – Shambhala als romantischer Mythos des Buddhismus, wie ihn die Generation der Hippies im Himalaya wiederzuentdecken hoffte! Vielleicht verbirgt sich dahinter sogar die Sehnsucht nach guter Luft und sauberer Natur? Du kennst vielleicht noch die gute alte Frauenzeitschrift* Brigitte?

KW: Ja. (*Sie stutzt.*)

AS: *Die schreiben gerade in ihrer aktuellen Ausgabe über »tibetischen Buttertee als Superfood«. Nur damit du die Dimension neuen westlichen Interesses am Himalaya begreifst.*

KW: (*Sie schnaubt und lacht.*) Oh Gott, Buttertee, das ist ja nun wirklich das Ungewöhnlichste … zumindest wenn man in Deutschland lebt, nicht wenn man in Tibet bei minus dreißig Grad lebt.

AS: *Ja, sogar die Amerikaner haben mit einem ganz neuen Kaffee, der mit Buttertee gemischt wird, gerade »the next big thing« gefunden und verkaufen das schrecklich überteuert mit angeblich phänomenaler Wirkung.*

KW: Seltsam! Das ist wahrscheinlich einfach so eine Welle. Ursprünglich sind die Tibeter nicht dafür bekannt, dass sie sich gut ernähren, da es in Tibet kaum Obst und Gemüse gab. Aber dieser Trend hängt bestimmt mit der romantischen Vorstellung von den Tibetern zusammen. Allerdings man kann auch nicht sagen, dass das nun wertlos ist. Wir haben als Menschen diese unglaubliche Begabung, die Dinge schwarz-weiß zu sehen. Entweder es ist alles toll, oder es ist alles schlecht. Dabei gibt es auch so viele Grautöne.

AS: *Ist es nicht sogar eher das Problem, dass es hier gar nicht um Schwarz oder Weiß geht, sondern unsere ständigen Versuche, alles bewerten zu müssen? Fällt die Bewertung im tibetischen Buddhismus eigentlich ganz weg?*

KW: Also, ich denke, das Bewerten an sich ist keine schlechte Sache, es stellt sich automatisch ein. Ich halte es aber für ganz wichtig, zu wissen, dass es subjektiv ist. Wenn wir etwas bewerten, denken wir leicht: Das ist wirklich so. Obwohl ich es mir ja nur selbst so zurechtgelegt habe. Ich denke aber auch, dass wir eine Tendenz zum Einordnen in Schwarz-Weiß haben. George W. Bush hat einmal gesagt: »Ihr seid für uns oder gegen uns.« Das heißt, du musst gut oder schlecht sein, es gibt nichts anderes dazwischen, keine Grautöne. Das ist auch eine starke Tendenz in der Berichterstattung der Medien, würde ich behaupten. Nehmen wir doch einmal den Konflikt der Israelis und Palästinenser. Früher waren die Palästinenser die Übeltäter, heute sind es die Israelis. Das ist doch totales Schwarz-Weiß-Denken. Dabei ist es doch so: Beide Seiten machen Fehler, und versuchen, sich gegenseitig zu schaden. Es gibt überall eigennützige Menschen, aber auch gleichzeitig viele selbstlose und gute Leute. Das ist so bei den Israelis, den Palästinensern und natürlich auch bei den Tibetern. Wenn ich sage Tibeter, heißt das nicht, dass alle gleich sind. Unter ihnen gibt es einige, die klauen, nur damit sie ein paar Rupien machen, und dann gibt es welche, die würden ihr Leben für dich geben. Ja, welche sind denn jetzt die echten Tibeter? Man kann sie gar nicht über einen Kamm scheren.

AS: *Hat das damit zu tun, dass Wissen mündlich weitergegeben wurde?*

KW: Nein, das denke ich nicht. Das Wissen, von dem du sprichst, steht ja nur den Leuten zur Verfügung, die geistig so weit sind. Das sind ja nur die wenigsten. Da kann man in Harvard studiert haben oder in Oxford, trotzdem würde man das Wissen ja gar nicht bekommen. Denn es wird exklusiv an die Menschen weitergeleitet, bei denen man sicher ist, dass die das auch verarbeiten und sich dadurch geistig effektiv weiterentwickeln können.

AS: *Warum sind nur so wenige besonders?*

KW: Na ja, weil es so schwierig ist, das eigene Ego zu kontrollieren. Außerdem sind diese Menschen ja auch nicht immer so gewesen, sie waren mal genau wie wir. Sie haben sich durch Disziplin, durch mentales Training, Achtsamkeit, so entwickelt, langsam hat sich deren Leben verändert. Und dies nicht nur während eines Lebens, sondern über mehrere Leben hinweg.

Das ist für mich persönlich auch ein Grund, warum ich an die Wiedergeburt glaube. Wenn man zum Beispiel an die hohen tibetischen Lamas, wie den Karmapa und den Dalai Lama denkt, macht es keinen Sinn, zu sagen, dass sie solche besonderen Fähigkeiten haben, weil sie genetisch mehr weiterentwickelt oder in einem ganz besonderen Umfeld aufgewachsen sind. Wenn das wirklich der Hauptgrund für ihre enorme Weisheit und ihr Mitgefühl wäre, müssten auch ihre Geschwister und andere, die in einem ähnlichen Umfeld aufgewachsen sind, solche Eigenschaften besitzen. Der Grund dafür, dass sie so besonders sind, ist, dass sie über viele Leben hinweg ihr Bewusstsein so trainiert haben, dass sie jetzt diese herausragenden Befähigungen besitzen.

AS: *Und die Inkarnation wird dann erkannt? Das bringt mich auf Tenzin Palmo.*

KW: Ja, das ist eine besondere Frau, sie ist wirklich eine tolle Nonne.

AS: *Du kennst sie natürlich!?*

KW: Ja, die westlichen Nonnen kennen sich untereinander, weil es nur eine kleine Gemeinschaft ist. Sie ist jemand ganz, ganz Besonderes.

AS: *Ich komme an dieser Stelle auf sie, weil ich las, dass sie sich im London der Fünfzigerjahre von allem Asiatischen magisch* *angezogen fühlte und ihre Mutter immer darum bat, sie in chinesische Restaurants mitzunehmen. Selbst wenn man mit Reinkarnation nichts anzufangen weiß, lässt ihre Geschichte die Skeptiker stutzen. Zu ihrer Geschichte fällt mir aber auch noch ein, dass sie die einzige Frau gewesen sein soll, die einen außergewöhnlichen Retreat machte. Zwölf Jahre allein in einer Höhle!*

KW: Sie ist nicht die einzige Frau, die das gemacht hat. Aber sie ist wirklich ein besonderer Mensch. Das Meditieren ist ja eigentlich nur ein Werkzeug, das man nutzt, um sich weiterzuentwickeln. Ich habe auch zwei andere westliche Frauen getroffen, die zwölf Jahre lang im Retreat waren, aber von denen war ich nicht so beeindruckt. Aber wenn man dieses Werkzeug richtig gut anwendet, kann sich das sehr positiv auswirken. Jetsunma Tenzin Palmo zum Beispiel war auch vorher schon außergewöhnlich, aber durch diese Zeit im Retreat hat sich ihre Persönlichkeit noch mehr geformt. Ich habe sie kennengelernt, als ich gerade erst Nonne geworden war, da kam sie gerade aus dem Retreat. Das ist jetzt mehr als zwanzig Jahre her, und sie ist seitdem nie wieder in längere Retreats gegangen. Sie hat natürlich auch noch andere Werkzeuge, um sich weiterzuentwickeln, und sie hat eine ganz besondere Art, die Dinge zu sehen.

AS: *Worauf ich hinausmöchte, ist aber, dass sie einen Lehrer fand, der eine weibliche Übertragungslinie des tibetischen Buddhismus an sie weitergab.*

KW: Über ihren Lehrer Khamtrul Rinpoche weiß ich nicht so viel. Ich weiß aber, dass sie eine ganz besondere Beziehung zu ihm gehabt haben soll, und diese Verbindung bestand mit Sicherheit über vorherige Leben hinweg.

AS: *Soweit ich weiß, soll sie ausgesehen haben wie ein Mönch, der zuvor diesen Lama begleitete, der ihr Lehrer wurde, und der wiederum hat ihn in ihr wiedererkannt.*

KW: Ach, das habe ich noch nie gehört. Aber es kann natürlich gut sein.

AS: *Sie muss dieselbe Physiognomie mit der spitzen Nase haben wie der verstorbene Mönch.*

KW: Interessant!

AS: *Sag mir doch bitte mal: Wie viele Lamas gibt es im tibetischen Buddhismus?*

KW: Oh, das weiß ich wirklich nicht. Es gibt vier Traditionen im tibetischen Buddhismus und in jeder Tradition viele Lamas. Die vier Traditionen kann man eventuell mit dem katholischen und evangelischen Glauben vergleichen.

AS: *Du meinst, es gibt vier Arten des tibetischen Buddhismus?*

KW: Ja, genau. Bei uns gibt es Protestantismus und Katholizismus, vor allem in Amerika gibt es dann auch noch Evangelikale und ähnliche versprengte Untergruppierungen. Diese Konfessionen ähneln sich schon stark, aber unterscheiden sich in der Art, zum Beispiel wie ihre Kirchen gebaut werden. Die Prinzipien sind in der evangelischen und katholischen Kirche auch anders. So groß sind die Unterschiede im tibetischen Buddhismus nicht: Da sehen die Tempel der vier Traditionen alle sehr ähnlich aus, die Gelübde der Mönche und Nonnen sind die gleichen, und was die Grundlage des Buddhismus angeht, gibt es ebenfalls kaum Unterschiede. Am meisten unterscheiden sich die vier in der Ausübung von Tantra, weil sie verschiedene tantrische Texte studieren und praktizieren. Auch gibt es neben den vier verschiedenen Traditionen noch weitere Nebenlinien.

AS: *In welcher Tradition lehrst du, und welche war deine Schule?*

KW: Die Gelug-Schule. Aus irgendeinem Grund fühle ich mich dieser Schule am meisten verbunden. Es ist einfach so, dass ich mich da am wohlsten fühle, von der Philosophie her, von der Art, wie der Buddhismus dort dargestellt wird; das ist einfach etwas Subjektives, ganz Persönliches. Außerdem gibt es noch die anderen Traditionen Kagyü, Nyingma und Sakya. Der Kagyü-Schule gehört zum Beispiel Tenzin Palmo an, deren voller tibetischer Name und Titel eigentlich Jetsunma Tenzin Palmo ist.

AS: *Ja, genau, so wie ich dich eigentlich …*

KW: *(Sie unterbricht mich.)* Nein, Nein …

AS: *… »Die Ehrwürdige« nennen müsste.*

KW: *(Lacht.)* Jetsunma Tenzin Palmo gehört der Kagyü-Tradition an. Die Kagyü-Tradition hat vier Hauptschulen und acht Nebenschulen. Jetsunma gehört einer der Nebenschulen, der Drugpa-Kagyü-Tradition an. Jede Schule hat einen Lama, der an der Spitze steht. Sie sind die Träger der verschiedenen Linien.

AS: *Die Träger der Weisheit?*

KW: Die Träger der Weisheit dieser Linien, in denen es verschiedene Meditationstechniken gibt, die mündlich weitergegeben werden. Sie sind verantwortlich dafür, dass das Wissen weitergereicht wird, und die, die sie weitergeben, sind häufig hohe Lamas, denn oft sind es die höchsten Lamas, die die Meditationstechniken selber beherrschen und die beurteilen können, wie jemand, der positiv auffällt, von ihnen unterrichtet werden sollte.

AS: *Bedeutet das im Umkehrschluss, dass nicht nur der Dalai Lama sie ernennt, sondern dass es eine Gruppe weiser Männer ist, die sie ernennt?*

KW: Nicht unbedingt. Wenn ein Lama verstirbt und wiedergeboren wird, sind in der Regel die Anhänger des Lamas daran interessiert, seine Reinkarnation zu finden. Es ist wichtig, dass der Lama erkannt und in ein Umfeld gebracht wird, in dem er weiter lehren kann. Die Verantwortung liegt bei seinen Lehrern, sie müssen ihn gut schulen, damit er zum Beispiel redegewandt wird, denn Sprache ist ein wichtiges Medium, mit dem er seine Erkenntnisse weitervermitteln kann. Wenn ein Lama stirbt, sind es häufig seine Anhänger, die die Verantwortung auf sich nehmen, den wiedergeborenen Lama in Kindern zu finden. Sie wenden sich beispielsweise an den Dalai Lama und bitten ihn um seine Unterstützung. Oft haben sie mehrere Kinder, die infrage kämen, gefunden und bitten nun den Dalai Lama zu helfen, die oder den Richtigen auszuwählen.

Wenn einige gefunden wurden, werden diese Kinder oft beobachtet bezüglich ihres Charakters und Verhaltens. Sind sie zum Beispiel sanft, freundlich und liebevoll? Denn dies sind meist Qualitäten, die ein Lama aufweist. Aber es werden auch regelrechte Tests gemacht, indem man jedes Kind bittet, Dinge, die dem Lama in seinem letzten Leben gehört haben, zu identifizieren. So zeigt man dem Kind zum Beispiel verschiedene Gebetsketten, von denen eine dem Lama gehört hat, und fragt das Kind, welche ihm gehört. In der Regel ist das Kind, das die Reinkarnation eines Lamas ist, in der Lage, die richtigen Dinge zu identifizieren. Es gibt in diesem Zusammenhang einen interessanten Film über eine Reinkarnation, die gefunden wurde. In Israel traf ich eine Frau, die den Mann, der diese Dokumentation gemacht hat, kennengelernt hat. Sie sagte, da gab es Stunden an Material, das für den tatsächlichen Film gar nicht genutzt wurde, aber das sei faszinierend gewesen, weil es zeigte, wie ein solches Kind gefunden wurde, und welche Tests es danach absolvieren musste.

AS: *Haben nicht die Chinesen sogar mal eine Reinkarnation verschwinden lassen?*

KW: Ja, den Panchen Lama. Er ist immer noch in Gefangenschaft.

AS: *Er ist ein sehr hoher und berühmter Lehrer, oder täusche ich mich?*

KW: Ja, der Panchen Lama gilt als einer der höchsten Lamas in der tibetischen Gesellschaft und der zweithöchste in der Gelug-Tradition (der Dalai Lama ist der höchste Lama dieser Tradition). Der Dalai Lama hat ein sehr besonderes Verhältnis zu ihm. Vom Panchen Lama und dem Dalai Lama sagt man, sie seien wie Sonne und Mond. Es besteht zwischen ihnen eine Wechselwirkung, was die Wiedergeburt angeht. Einige der früheren Reinkarnationen dieser hohen Lamas haben sogar gegenseitig als Lehrer des anderen fungiert. So war zum Beispiel der 5. Panchen Lama (die fünfte offiziell anerkannte Reinkarnation des Panchen Lama) der Lehrer des 7. Dalai Lama (die siebte offiziell anerkannte Reinkarnation des Dalai Lama), und der 7. Dalai Lama wurde dann der Lehrer des 6. Panchen Lama, nach dem Tod von dessen Vorgänger. Beide Lamas gehören der Gelug-Tradition an.

AS: *Das ist auch deine Tradition?*

KW: Ja, das ist die Tradition, der ich folge. Ein sehr hoher Lama, der von ähnlicher Bedeutung wie der Dalai Lama und der Panchen Lama ist, ist Seine Heiligkeit der Karmapa. Er gehört der Karma-Kagyü-Tradition an und ist noch recht jung.

Bezüglich des Panchen Lama erinnere ich mich noch daran, wie der Dalai Lama 1995 bekannt gab, dass die Reinkarnation des 10. Panchen Lama gefunden worden sei (die zehnte Reinkarnation war vorher von der chinesischen Regierung im Zuge der Okkupation Tibets ermordet worden). Der Dalai Lama gab also damals bekannt, dass der 11. Panchen Rinpoche (Gendün Chökyi Nyima) sechs Jahre alt und in Tibet sei. Wenige Tage später hat die chinesische Regierung ihn dann zusammen mit seinen Eltern entführt. Er ist verschwunden, und bis heute weiß man nicht genau, wo er ist. Die Chinesen haben dann einen anderen Panchen Lama ernannt. Damit haben sie jetzt ihren eigenen Panchen Lama, was völlig widersprüchlich ist, denn auf der einen Seite erkennt die kommunistische Regierung keine Religion an, und auf der anderen Seite haben sie ihren »eigenen« Panchen Lama. Dieser chinesische Panchen Lama wird von den meisten Tibetern natürlich nicht anerkannt, und niemand weiß, wo der »richtige« Panchen Lama ist.

AS: *Lass uns noch einmal zurückkommen auf den spannenden Punkt der Geschlechterdifferenz im Buddhismus und der Reinkarnation. Solltest du etwa ein wiedergeborener früherer Macho sein, der jetzt als Nonne so richtig leiden musste?*

KW: Ja, das ist meine Theorie. (*Wir lachen beide.*) Nein, im Ernst, das, was man womöglich für eine typisch männliche Denkweise halten könnte in der Gelug-Tradition – das Systematische und Analytische beim Studium der buddhistischen Philosophie –, das gefällt mir ausgesprochen gut. Dies ist in anderen Traditionen nicht ganz so ausgeprägt. Für mich ist das Strukturierte hilfreich, weil ich dadurch besser verstehe. Aufgrund ihrer Systematik fällt es mir leichter, mir die verschiedenen Themen der Philosophie geläufiger zu machen. Es ist etwas ganz Persönliches, und es gibt andere Studenten des Buddhismus, denen die Gelug-Tradition weniger zusagt und die mehr inspiriert sind von der Art und Weise wie der Buddhismus in den Schriften der Nyingma-, Kagyü- oder Sakya-Tradition dargestellt wird.

Aber ich habe mir wirklich überlegt, dass ich in meinem früheren Leben womöglich ein Macho war, einfach aufgrund der Schwierigkeiten, die ich als Frau während meines Studiums hatte. Dass ich als Frau wiedergeboren bin, habe ich in Deutschland nie als Nachteil empfunden.

AS: *Vielleicht gehören wir sogar zu der Generation, in der man es, wenn man eines Tages zurückblickt, am leichtesten gehabt haben wird, in Deutschland als Frau zu leben.*

KW: Ja, möglicherweise, und wenn es Ungerechtigkeiten gegeben haben mag, dann haben sie mich nicht betroffen, oder sie sind mir nicht aufgefallen. Wir waren zu Hause drei Frauen, meine Mutter, meine Schwester und ich. Mein Vater hat natürlich nicht alles mit sich machen lassen, aber er war uns gegenüber immer sehr offen. Er sagte meistens, wenn wir etwas wollten:»Wenn du Spaß daran hast, mach das!«Ich hatte nie das Problem, dass ich etwas nicht machen konnte, weil ich ein Mädchen war. Aber als ich mit meinem Studium am Institute of Dialectics begann, war ich zunächst entsetzt, wie anders alles ist als in Deutschland. Es ging sogar so weit, dass ich zeitweise über eine Geschlechtsumwandlung nachdachte. Nicht, dass ich emotional je ein Mann sein wollte, aber es hätte vieles erleichtert, weil ich nicht länger als Fremdkörper wahrgenommen worden wäre.

AS: *Komm zu uns nach San Francisco, da hast du das mit den richtigen Hormonspritzen in einem halben Jahr geschafft. Ernsthaft, für mich war das auch neu, aber in Amerika, allgemein im Westen, gibt es das inzwischen öfter, dass Frauen zu Männern werden, und die Umwandlung ist so überzeugend, dass ich oft auf der Leitung stand und meine Freunde schon Witze machten, weil Anne aus Deutschland es mal wieder nicht erkannt hat.*

KW: Interessant! Aber ich habe mich emotional ja nie als Mann gefühlt, das ist der wesentliche Unterschied. Aber dass ich manche Dinge nicht machen konnte, weil ich kein Mann bin, das hat mich wirklich frustriert. Nur hatten Nonnen damals noch nicht die gleichen Möglichkeiten wie die Mönche, und ich konnte auch nicht in einem Kloster der Mönche leben.

AS: *Bedeutet das, du bist nicht als Nonne in das Kloster gegangen?*

KW: Ich war in einer Art Klosterschule, dem Institut für Buddhistische Dialektik, in der hauptsächlich Mönche studieren, aber auch Frauen zugelassen sind. Allerdings hätte ich lieber in einem der großen Klöster studiert, die ein sehr anspruchsvolles Studienprogramm haben. Dort sind Nonnen jedoch nicht zugelassen. Meine Klassenkameraden am IBD waren, wie schon erwähnt, fast ausschließlich Mönche, und bei meinen Klassenkameraden habe ich mich oft sehr ausgeschlossen gefühlt, da sie als Mönche keinen Kontakt mit Frauen wollten.

AS: *Wurde dir bestimmtes Wissen vorenthalten?*

KW: Nein, das kann ich nicht sagen. Vor allem kann ich meinen Studienkollegen nicht die Schuld für meine Schwierigkeiten geben. Sie wollten einfach nicht mit einer Frau zusammen sein, weil sie es nicht gewöhnt waren, und es ihnen auch unangenehm war, mit einer Frau zu debattieren. Das kann ich schon verstehen. Ich fühle mich ja selbst nach all den Jahren als Nonne mit einer Frau sehr viel wohler als mit einem Mann, einfach deswegen, weil man als Nonne viel mehr mit Frauen zusammen ist und mit Männern weniger Kontakt hat.

AS: *Warum ist man als Nonne mehr mit Nonnen zusammen?*

KW: Da Mönche und Nonnen im Zölibat leben, haben sie in der Regel nicht viel Kontakt mit dem anderen Geschlecht. Natürlich besteht da kein wirklicher Zwang, da man ja jederzeit die Gelübde zurückgeben und ins Laienleben zurückkehren kann. Das ist immer eine Möglichkeit, aber der Gedanke ist mir bisher nicht gekommen. Lass es mich so erklären: Im Prinzip kann ich jederzeit Berge von Schokolade essen. Aber wenn ich mich gesund ernähren möchte, mache ich es eben nicht. Ich habe die freie Wahl und entscheide mich für das, was mir – besonders für meine geistige Verfassung – besser erscheint.

Als Teenager habe ich das Mann-Frau-Verhältnis natürlich ganz anders erlebt. Meine Studienkollegen hingegen sind zumeist ohne Frauen aufgewachsen. Viele von ihnen waren von klein auf in Klöstern und haben sich deshalb nie an den Kontakt zu Frauen gewöhnen können. Sie sind also nicht kategorisch gegen Frauen, sondern verbringen einfach nicht viel Zeit mit ihnen – hinzu kommt natürlich auch, dass sie ihre Gelübde nicht brechen wollen.

Außerdem ist in der tibetischen Gesellschaft traditionell das Geschlechterverhältnis ganz anders. Männer halten zum Beispiel nur selten Händchen mit Frauen und bereden auch die wichtigen Dinge oft nur mit Männern.

AS: *Man kann also jederzeit sein Gelübde zurückgeben?*

KW: Ja, sowohl Mönche als natürlich auch Nonnen. Mönche und Nonnen, die sich verlieben, geben dann ihre Gelübde zurück. Einige meiner damaligen Studienkollegen sind heute auch keine Mönche mehr.

AS: *Wenn du sagst »meine Studienkollegen« – wie viele Mitstu-denten sind damit gemeint?*

KW: Das waren zunächst etwa vierzig bis fünfzig Klassen-kameraden. Einige von ihnen leben mittlerweile in den USA, England und in anderen Ländern, sind verheiratet und haben Kinder.

In den tibetischen Familien ist es traditionell so, dass ein Sohn, der Mönch werden soll, bereits in sehr jungen Jahren ins Kloster geschickt wird.

AS: *Eine Familie gibt ihren kleinen Sohn von, sagen wir, sechs Jahren ins Kloster?*

KW: Ja, manchmal sind sie sogar noch jünger. Allerdings ist dies nicht mehr wirklich üblich. Aber früher war es oft so, dass ein Sohn ins Kloster gegeben wurde. Natürlich darf man in diesem Zusammenhang auch nicht vergessen, dass es früher in Tibet Bildung hauptsächlich im Kloster gab. Das Kind, das ins Kloster kam, erhielt dann seine Erziehung und Ausbildung dort. Durch das Exil hat eine Veränderung in der tibetischen Gesellschaft eingesetzt, was dazu führte, dass erstmals Schulen für Exiltibeter in Indien gegründet wurden. In den Sechziger- und Siebzigerjahren wurden zum ersten Mal staatliche Schulen in Nordindien usw. für tibetische Kin-der im Exil gegründet, und das führte dazu, dass die Klöster nun nicht mehr dafür notwendig waren, lernen und studieren zu können.

AS: *Sind alle anderen, die mit dir bis zum Abschluss studierten, auch Geshe geworden?*

KW: Ja, wir waren ja im selben Studienjahr. Dass meine Klasse damals den Geshe-Titel bekam, hat damit zu tun, dass der Titel erst zum Ende unseres Studiums zum ersten Mal vergeben wurde.

AS: *Und du bist offiziell eine Geshema, so die weibliche Form des Titels, oder?*

KW: Ja, Seine Heiligkeit der Dalai Lama hat mich 2014 bei seinem Besuch in Hamburg als die erste Geshema vorgestellt.

Geshema, das ist genauso wie zum Beispiel Doktor und Doktorin. Oder auch wie bei Professor und Professorin. Es ist das weibliche Pendant zu Geshe. Es gibt Leute, die meinen, man sollte es nicht Geshema nennen, weil es dann wieder nicht den Männern gleichgestellt sei.

AS: *Was bevorzugst du?*

KW: Mir ist das egal.

AS: *Als Westler würde man sich doch in solch einer Situation Stolz erlauben, wenn man wie du als erste Frau solch einen Meilenstein verkörpert. Wie war das bei dir in dem Moment? Stolz ist eher ein fremdes Gefühl in der Kultur, in der du heute lebst, oder? Gestattest du dir dennoch das Gefühl in solchen Momenten?*

KW: Es gibt unterschiedliche Arten von Stolz: Es gibt Stolz, der eine Art Arroganz ist, und es gibt Stolz, der für Selbstbewusstsein steht. Die Arroganz ist nur eine Behinderung. Bestimmt bin ich auch manchmal dazu verleitet, aber ich versuche, achtsam zu sein, um Arroganz zu vermeiden. Auch andere Nonnen haben das gleiche Studium wie ich gemacht, nur bekommen sie den Titel eben etwas später. Mir wurde diese besondere Gelegenheit als Erste gegeben, aber was hat das zu bedeuten, wenn ich einmal sterbe? Ich nehme doch nichts davon mit und wüsste auch nichts mehr davon, wenn ich wiedergeboren werde. Aber Selbstbewusstsein, das ist etwas anderes, es ist etwas Gutes, dass ich sagen kann: Ich kann etwas auf die Beine stellen, ich habe das geschafft. Der Geshe-Titel hat mir schon Selbstbewusstsein gegeben. Und das ist das Gute. Jeder Erfolg kann einem Selbstbewusstsein geben, aber letztendlich war der Geshe-Titel für mich nicht das Wichtigste. Das ist ja tatsächlich nur ein Titel, ich war ja 2010 nicht anders als 2011, als ich den Titel erhielt. Das Wichtigste ist, dass ich das Studium machen konnte.

AS: *Hast du nun bestimmte positive Verpflichtungen, zum Beispiel dass du bestimmte Unterweisungen geben musst?*

KW: Man erwartet von mir bestimmte Dinge, und was ich tun kann, tue ich. Der Titel ist dabei eigentlich nebensächlich. Wichtig ist, dass ich unterrichte, und wenn die Leute es hilfreich finden, werde ich weiterhin zum Unterrichten eingeladen. Aber ich könnte auch den Titel »Papst« haben, und es würde keinen Unterschied machen, was meine Leistungen an sich betrifft. Der Titel kann Türen öffnen, indem man eingeladen wird, aber es gibt andere Nonnen ohne Titel, die mehr können als ich und die in alle Welt eingeladen werden, allein weil sie so tolle Lehrerinnen sind.

AS: *An wen denkst du da konkret? Sind da auch westliche Lehrerinnen dabei?*

KW: Ja, es gibt westliche Lehrerinnen, die – soweit ich weiß – nicht eine traditionelle Ausbildung im Debattieren erhalten haben, wie ich sie erfuhr, und die trotzdem sehr erfolgreich lehren.

AS: *Jemand wie Pema Chödrön?*

KW: Ja, Pema Chödrön aus den USA und Robina Courtin, eine Nonne aus Australien, oder Kathleen McDonald, die das wunderbare Buch *How to Meditate* geschrieben hat. Dann gibt es noch Thubten Chodron, die ihr eigenes Kloster in Amerika hat. Es gibt ganz tolle Lehrerinnen, die sehr bekannt und beliebt sind.

AS: *Wir leben in einer Zeit, in der der Begriff »Achtsamkeit« zum Claim geworden ist, der beliebig mit Inhalten gefüllt wird. Heute kannst du sogar Kurse belegen zu »Achtsamkeit in der Wirtschaft«.*
KW: Sehr gut!

AS: *Ja, meine Frage bezieht sich auf die vermeintliche und wahre Attraktivität des tibetischen Buddhismus, und was Westler daraus machen. Ich habe in San Francisco einen regelrechten Boom des Buddhismus erlebt. Als ich im ersten Jahr dort war, schrieb ich mich als Gasthörerin an der Uni Berkeley für das Seminar »Die Psychologie des Buddhismus« ein, ein Kurs, der binnen weniger Stunden ausgebucht war, wir hatten immer eine lange Warteliste für Nachrücker. Verkörperst du als Frau aus dem Westen etwas, das gerade eine große Sehnsucht zu sein scheint im Westen? Verändert das deine Haltung dazu?*

KW: Ich weiß es nicht, vielleicht bin ich für einige Frauen wichtig, für die mein Weg eine klare Richtung vorgibt, weil sie nun das Studium machen können.

AS: *Irre ich mich, oder sind es viel mehr Frauen als Männer in dieser neuen Bewegung hin zum tibetischen Buddhismus?*

KW: Ja, auf jeden Fall. Es ist in unserer Gesellschaft immer noch so, dass ein Mann eher schräg angeschaut wird, wenn er sich für Meditation, Buddhismus und Ähnliches interessiert. Tatsächlich ist mein Eindruck, dass Frauen auch ein stärkeres Interesse daran haben, viel offener dafür sind. Und obwohl der tibetische Buddhismus ursprünglich stark männlich geprägt war, da es in Tibet viel mehr Mönche als Nonnen gab, sind es heutzutage im Westen viel mehr Frauen, die er anspricht. Die Studierenden, die von Universitäten aus dem Westen zu uns nach Dharamsala kommen und die ich unterrichte, sind überwiegend Frauen, und sie akzeptieren leichter, dass eine Frau sie in tibetischem Buddhismus unterrichtet, während sie von männlichen Lehrern eher wissenschaftliche Fächer wie Mathematik erwarten. Das hat wieder mit der Geschlechterrolle zu tun.

AS: *Ja, vor ein paar Jahren hätte ich dem auch zugestimmt.*

KW: In bestimmten Kreisen hat sich natürlich viel verändert, aber Frauen sind oft aufgeschlossener, wenn es um Themen wie Wiedergeburt, Karma etc. geht. Das trifft aus meiner Erfahrung, die ich während meiner Vortragsreisen gesammelt habe, auf alle westlichen Länder und sozialen Schichten gleichermaßen zu, ob es nun England, Israel oder

Nordamerika ist. Dort, wo der Buddhismus nicht Teil der eigenen Gesellschaft war oder ist, sind Frauen ihm gegenüber immer offener.

AS: *Mich überrascht es immer wieder, zu hören, dass so viele Israelis Buddhisten sind.*

KW: Ich denke nicht, dass so viele Israelis Buddhisten sind. Es gibt allerdings viele Israelis, die am Buddhismus interessiert sind und an Kursen über buddhistische Philosophie und Meditation teilnehmen. Es ist jedoch nicht nötig, Buddhist zu werden. Tatsächlich rät der Dalai Lama ja gerade uns Westlern, dass wir unsere eigene Religion, mit der wir aufgewachsen sind, nicht aufgeben sollten, sondern nur das vom Buddhismus annehmen, was uns hilfreich erscheint.

AS: *Das ist ein guter Punkt, den du auch in Frankfurt im Tibethaus in deiner Unterweisung erwähnt hast. Der Dalai Lama sagt, man müsse gar nicht Buddhist werden, um dem Buddhismus zu folgen? Das hat mich überrascht.*

KW: Er sagt, man braucht die Religion nicht zu ändern, weil es zum einen nicht nötig ist, zum anderen aber auch psychologisch gesehen schwierig sein könnte. Die Religion, der man folgt, ist Teil der eigenen Identität, und wenn man Atheist ist und keiner Religion folgt, ist dies ebenso Teil der eigenen Identität. Hinzu kommt, dass der Buddhismus mit einer bestimmten Kultur verknüpft ist. Wenn man nun Buddhist wird, beispielsweise in einem asiatischen Land, muss man eventuell auch Teile der Kultur dieses Landes annehmen, da es oft schwierig ist, den Buddhismus von der jeweiligen Kultur zu trennen. Das kann zu Schwierigkeiten führen, die nicht zu unterschätzen sind.

AS: *Anders gefragt: Welche Teile des Glaubens muss ich annehmen, wenn ich nun beschließen würde, Buddhistin zu werden?*

KW: Es gibt im Christentum die Taufe, bei der man sich dem Glauben mit Leib und Seele hingibt. Im Buddhismus gibt es kein solches Ritual als Pendant dazu. Doch es gibt mittlerweile eines speziell für Westler. Das wurde eingeführt, weil es Westlern hilfreich erscheint. Ich würde sogar behaupten, dass viele Buddhisten, die meinen, welche zu sein, gar keine sind, beispielsweise die Tibeter, die nichts über den Buddhismus wissen und dadurch gar nicht die Voraussetzung dafür erfüllen. Denn man muss Zuflucht nehmen können, Zuflucht nehmen bedeutet, dass man Zuflucht in Buddha, Zuflucht ins Dharma und Zuflucht in die Sangha nimmt. Also, was heißt das genau? Zuflucht nehmen in Buddha, Dharma und Sangha? Zuflucht nehmen ist vielleicht auch kein gutes Wort.

AS: *Ich finde, es ist ein besonders schönes Wort, denn es bedeutet doch, es gibt für mich einen Ort in Momenten tiefster Verzweiflung, an dem ich sein kann. Dahin kann ich mich wenden.*

KW: Stimmt, dass man sich Buddha anvertraut – das wäre vielleicht ein besserer Begriff, mein Deutsch ist in diesen Dingen nach so vielen Jahren manchmal etwas eingerostet. Aber was heißt Buddha überhaupt? Das ist nicht nur der Buddha, der Mann, der vor zweitausendsechshundert Jahren gelebt hat, sondern er steht auch für das eigene Erwachen eines jeden in der Zukunft. Buddha bedeutet ja eigentlich »Erwachen«, also der eigene erweckte Zustand, in den man Zuflucht nimmt. Und dann gibt es noch den äußeren Buddha, das muss eben nicht der Buddha von vor zweitausendsechshundert Jahren sein, das kann auch zum Beispiel der Dalai Lama sein – also andere Menschen, die die Qualitäten eines erleuchteten Buddhas aufweisen.

Dharma bezieht sich auf die Lehre an sich, das ist das wichtigste Zufluchtsobjekt, die Lehre, nicht die Person. Dharma bezieht sich aber auch auf die Einsichten, die man erlangt, wenn man der buddhistischen Lehre folgt. Man nimmt also Zuflucht in die Einsichten derer, die dieses durch Geistestraining erlangt haben, und in die Einsichten, die man selbst in Zukunft erlangen wird. Und Sangha schließlich steht für alle, die die buddhistische Lehre praktizieren, denen man sich anvertrauen kann, bei denen man sich Hilfe suchen kann. In dem Text *Uttaratantra* von einem großartigen buddhistischen Meister, Maitreya, wird Buddha mit einem Arzt verglichen, Dharma mit der Medizin und Sangha mit Krankenpflegern, Therapeuten und so weiter. Für einen Patienten ist der Arzt wichtig, die Krankenpfleger sind wichtig, aber die Medizin ist das Wichtigste, da diese überwiegend dafür verantwortlich ist, dass die Krankheit geheilt wird. Darum ist das Dharma, die Lehre Buddhas, das wichtigste Element, in das man Zuflucht nimmt. Das Zufluchtnehmen ist ein innerer Zustand. Man ist nicht unbedingt Buddhist, wenn man gelernt hat, buddhistische Mantras zu rezitieren. Wichtiger ist es, die mentale Einstellung zu haben. Es ist nicht so, dass man da wie im Christentum sagt: Ich bin getauft und bis an mein Lebensende Buddhist. Man muss auch nicht die eigene Religion aufgeben, um Buddhist zu werden. Allerdings ist es ein bisschen schwierig mit der Gottesvorstellung, weil da Widersprüche bestehen.

AS: *Wo sind da Widersprüche?*

KW: Na ja, im Christentum glaubt man zum Beispiel an Gott als den einen Schöpfer, der die Welt erschaffen hat. Im Buddhismus ist es hingegen das eigene Bewusstsein, das die individuelle Realität erschaffen hat, es gibt keinen »äußeren« Schöpfer. Es kann auch schwierig sein, das Konzept des Karma mit Gott in Einklang zu bringen. Dann ist es vielleicht besser, sich für eines zu entscheiden. Es ist besser, man entscheidet sich für die Religion, die einem am hilfreichsten erscheint, und wird ein besserer Jude, ein besserer Christ, ein besserer Muslim. Oder eben Buddhist.

AS: *Heißt das, du bist aus dem katholischen Glauben ausgetreten, bevor du Nonne wurdest?*

KW: Nicht direkt, das hat schon mit dreizehn, vierzehn Jahren begonnen, dass ich Widersprüche in bestimmten Dingen sah, die ich nicht miteinander vereinbaren konnte. Und im Alter von achtzehn, neunzehn war mir klar, ich kann zwar annehmen, dass es einen Gott oder ein höheres Wesen gibt, aber so wie es in der katholischen Kirche dargestellt ist, macht das für mich keinen Sinn. Durch die Augen des Buddhismus konnte ich manches dann viel milder sehen. Ich dachte mir: Auge um Auge, Zahn um Zahn, vielleicht heißt das nicht, wenn mir jemand das Auge aussticht, muss ich das auch bei ihm machen, vielleicht ist es im Sinne des Karma gemeint, das heißt, wenn ich jemandem das Auge aussteche, sticht mir auch jemand das Auge aus. Also Karma im Sinne von: Was immer ich anderen antue, wird mir auch angetan, was ich säe, werde ich ernten.

Oder die Idee von »Liebe deinen Nächsten wie dich selbst« gibt es auch im Buddhismus, nur im Christentum wirkt es wie: »Los, jetzt lieb gefälligst deinen Nächsten, nun mach schon!« Wohingegen man im Buddhismus genauer nachfragt: Warum macht es Sinn, deinen Nächsten zu lieben? Und welche Methoden oder geistigen Techniken gibt es, mit denen man sich vertraut machen kann, sodass es langsam selbstverständlich wird, seinen Nächsten zu lieben? Wenn ich heute das Christentum betrachte, denke ich: Oh, da gibt es viele schöne Dinge. Nur sehe ich es jetzt durch die buddhistische Linse.

AS: *Aber du bist schon formal aus der katholischen Kirche ausgetreten, oder?*

KW: Ich bin zwar getauft worden und auch zur Kommunion gegangen, hatte aber noch nie ein festes Einkommen und habe daher auch noch nie in Deutschland Kirchensteuern zahlen müssen. Ich bin nicht ausgetreten, da es nichts gab, aus dem ich austreten musste.

AS: *Was waren deine Gelübde, die du abgelegt hast, als du buddhistische Nonne wurdest?*

KW: Es sind sechsunddreißig Gelübde, die ich abgelegt habe.

AS: *Sechsunddreißig Gelübde!*

KW: Das sind eigentlich relativ wenige Gelübde, da ich streng genommen nur eine Novizin bin. Ich bin also keine sogenannte »vollordinierte« Nonne. Der Grund dafür ist, dass es im tibetischen Buddhismus keine vollständige Übertragungslinie für die Ordination von Bhiksunis, also vollordinierte Nonnen, gibt. So eine Linie muss von anderen vollordinierten Frauen weitergegeben werden, und weil es die dafür benötigten Bhiksunis im 8. Jahrhundert nicht von Indien bis Tibet oder von Tibet nach Indien geschafft haben, ist sie ausgestorben. Es war sehr schwierig damals, zwischen Indien und Tibet zu reisen, man war monatelang unterwegs, und viele sind bei dem Versuch gestorben, den Buddhismus bildlich gesehen über den Himalaya zu tragen. Der Buddhismus ist anfänglich in Indien entstanden und hat sich von dort verhältnismäßig schnell ausgebreitet nach Sri Lanka, Thailand, Burma et cetera. Im 1. Jahrhundert wurde er dann in China und im 8. Jahrhundert in Tibet eingeführt. Viele Tibeter sind damals nach Indien gereist, um dort Sanskrit zu lernen, die buddhistischen Schriften zu übersetzen und die Texte dann nach Tibet zu bringen.

Allerdings war für Frauen diese Reise äußerst gefährlich, und nicht genügend Bhiksunis haben es ungefähr zeitgleich geschafft, um so die volle Ordination in Tibet ebenfalls einführen zu können. Dann ist die Übertragungslinie in Indien mit der Invasion der Mogule versiegt. Eine bestimmte Form der Übertragungslinie hat sich bis heute in China erhalten, aber die Gelübde sind etwas anders als die der Tibeter. Im tibetischen Buddhismus soll diese Tradition jetzt wiederhergestellt werden, und es gibt viele (wie zum Beispiel die Ehrwürdige Carola Roloff aus Hamburg), die zurzeit daran arbeiten.

Als Novizin kann man die Gelübde allerdings auch von einem Mönch erhalten. Darum sind die meisten Nonnen in der tibetischen Tradition Novizinnen. Es gibt nur wenige vollordinierte Nonnen in dieser Tradition, und sie haben ihre Bhiksuni-Gelübde in der chinesischen Tradition abgelegt.

Wie erwähnt unterscheiden sich die Bhiksuni-Gelübde der chinesischen Tradition etwas von denen der tibetischen Tradition. Dadurch, dass ich nicht über die volle Ordination verfüge, habe ich nur sechsunddreißig Gelübde abgelegt und keine zweihundertvierundsechzig. Gemäß der tibetischen Tradition müssen vollordinierte Mönche zweihundertdreiundfünfzig Gelübde und vollordinierte Nonnen zweihundertvierundsechzig Gelübde ablegen. Die Nonnen haben etwas mehr Gelübde. Das hat zum Beispiel damit zu tun, dass für Frauen bestimmte Dinge damals in Indien zu gefährlich waren. Viele Mönche und Nonnen lebten in den Wäldern Indiens, aber da es für Nonnen zu gefährlich war, alleine durch den Wald zu gehen, war eines der Gelübde, immer mit wenigstens einer anderen Frau zusammen zu gehen, zum Schutz vor potenziellen Vergewaltigern oder wilden Tieren. Unter den sechsunddreißig Gelübden, die man als Novize oder Novizin ablegt, gibt es vier Hauptgelübde, die man nicht brechen darf, da man ansonsten die Ordination verliert. Die vier Hauptgelübde sind: nicht töten, nicht stehlen, nicht lügen, und das Zölibat. Nicht töten heißt, dass man einen Menschen nicht vorsätzlich tötet. Nicht stehlen bedeutet, dass man keinen Diebstahl begeht, der gegen das Gesetz verstößt. Mit anderen Worten, ich würde mein Gelübde brechen, wenn ich im Kaufhof eine Uhr stehle, aber nicht, wenn ich dir einen Stift nehme (obwohl ich mit dem Diebstahl deines Stifts ein Nebengelübde brechen würde). Nicht lügen heißt, dass man nicht behauptet, man habe besondere spirituelle Fähigkeiten, die man nicht besitzt. Zum Beispiel viele hohe Lamas haben Geistesgaben wie Hellsichtigkeit, bedingungslose Liebe für andere et cetera. Wenn ich behaupten würde, dass ich solche mentalen Fähigkeiten besäße, würde ich meine Gelübde brechen.

Die restlichen Gelübde ähneln einem Zaun, der mich davor schützt, die vier Hauptgelübde zu brechen. Ein Nebengelübde ist zum Beispiel, keinen Alkohol zu trinken, denn es besteht die Gefahr, dass man zu viel trinkt und dadurch die Hauptgelübde bricht. Es gibt auch ein Gelübde, das in der heutigen Zeit nicht wirklich relevant ist: Damals, als Buddha die Gelübde einführte, lebten die Mönche und Nonnen in einfachen Gemeinschaften. Sie gingen einmal täglich um ihr Essen betteln. Das taten sie jeden Morgen, weil es zu heiß war, das Essen länger als einen Tag aufzubewahren. Sie machten Opfergaben-Runden in den Gemeinden der Laien, die ihnen das Essen direkt in ihre Bettelschalen gaben. Wenn ein Mönch oder eine Nonne mehr Reis oder mehr Gemüse wollte, kam es vor, dass sie den Reis unter dem Gemüse oder das Gemüse unter dem Reis versteckten. Aus diesem Grund führte Buddha das Gelübde ein, den Reis nicht unter dem Gemüse und das Gemüse nicht unter dem Reis zu verstecken.

Andere Nebengelübde sind, dass man kein Make-up benutzt und keinen Schmuck trägt. Außerdem gibt es die Gelübde nicht zu singen und zu tanzen, wenn diese motiviert sind von der Anhaftung. Der Buddha hat das Gelübde bezüglich des Tanzens eingeführt, da einer der Mönche infolge von Anhaftung sehr wild auf einer Hochzeit getanzt hat, was die Anwesenden als sehr unangemessen empfanden.

AS: *Und man soll nicht singen im Sinne eines Sich-Produzierens?*
KW: Genau.

AS: *Ich habe mich nämlich gerade gefragt, ob du unter der Dusche singen darfst!*
KW: Ich singe nicht unter der Dusche, da ich eine schreckliche Stimme habe. Aber gerade bei den Tibetern ist das Singen ein wichtiger Bestandteil der Kultur, und wenn ein Mönch oder eine Nonne eine gute Stimme hat, kommt es vor, dass sie bei einer Neujahrsfeierlichkeit oder einem Picknick singen. Aber meist nur, wenn sie unter sich sind. Es ist dabei wichtig, nicht aus der Anhaftung heraus zu singen, sondern aus der Motivation, anderen Freude zu machen.

Bezüglich der Gelübde sollte man so gut wie möglich alle halten, obwohl es mir persönlich zum Beispiel schwerfällt, das Gelübde zu halten, abends nicht zu essen. Für die ersten drei Jahre nach meiner Ordination habe ich dieses Gelübde gehalten, aber dann nahm ich zu viel ab und konnte nachts nicht mehr schlafen.

AS: *Wenn du nicht gegessen hast?*
KW: Ja. Eigentlich gibt es nur wenige, die dieses Gelübde über eine lange Zeit hinweg halten können, ohne gesundheitliche Probleme zu entwickeln.

AS: *Wann beginnt denn der Abend aus Sicht einer Nonne?*
KW: Man darf nur bis zwölf Uhr essen.

AS: *Bis zwölf Uhr mittags?*
KW: Ja, genau.

AS: *Das klingt unglaublich schwer.*
KW: Ja, das ist es. Allerdings kommt es auf die Umstände an. Wenn man in Gebieten Indiens lebt, wo es bis zu vierzig, fünfzig Grad heiß sein kann, ist es einfacher. Auch ist es einfacher, wenn man viele Stunden meditiert und sich wenig bewegt. Ich selbst versuche, abends leicht zu essen. Im Winter in Deutschland fällt mir das schwerer, in Indien ist es einfacher, man steht früh auf, frühstückt gut, nimmt dann Mittagessen zu sich und am Abend eine kleine, leichte Mahlzeit. Das ist dann auch okay.

AS: *Wann stehst du auf?*
KW: In der Regel gegen fünf. Es gibt aber viele Mönche und Nonnen, die noch früher aufstehen, aber für mich ist fünf Uhr eine gute Zeit.

AS: *Apropos aufgeweckt sein, ich habe da mal eine ganz andere Frage, die zum Dalai Lama überleitet: Du hast den Dalai Lama mal als einen der größten Feministen bezeichnet?*
KW: Ja, ich bin davon überzeugt, dass der Dalai Lama ein großer Feminist ist.

AS: *Würde er das auch so sehen?*

KW: Ich denke schon. Es kommt natürlich darauf an, wie man Feminist definiert. Ich denke, der Dalai Lama ist ein Feminist, da er sich sehr für die Gleichberechtigung, Ebenbürtigkeit und Selbstbestimmung der Frauen – und somit auch der Nonnen – einsetzt. Ich habe nicht den leisesten Zweifel, dass er Männer und Frauen als gleichwertig betrachtet und weiß, dass sie die gleichen mentalen und spirituellen Fähigkeiten besitzen. Er ist mit Sicherheit einer der größten Feministen, aber natürlich nicht in einem extremen, männerverachtenden Sinn.

AS: *Das ist auch nicht das allgemeine Verständnis von Feminismus.*

KW: Nein, natürlich nicht, allerdings wird Feminismus häufig mit Männerverachtung in Verbindung gebracht. Vor einigen Jahren hat eine Nonne aus Dharamsala mal einer Bekannten gesagt, dass sie den Feminismus nicht mag, da er die Mönche degradiert. Aufgrund der Unterdrückung der Tibeter durch die chinesische Regierung sind die Tibeter untereinander zutiefst solidarisch, und wenn ein Westler feministische Äußerungen von sich gibt, besonders in Bezug auf die Situation der Nonnen – dass sich die Nonnen zum Beispiel bei Veranstaltungen vor die Mönche setzen sollten et cetera –, kann das schon mal als Kritik an den Mönchen aufgefasst werden.

AS: *Sag mal, träumst du eigentlich auf Tibetisch?*

KW: Solange ich in Deutschland bin nicht, aber wenn ich viel tibetisch spreche schon. In Dharamsala gibt es Zeiten, in denen ich fast ausschließlich tibetisch spreche, wie zum Beispiel während meines Studiums, als ich fast nur Kontakt mit meinen Lehrern und Mitschülern hatte und von morgens bis abends Tibetisch sprach. Aber dann gibt es natürlich Zeiten, in denen ich mehr englisch spreche, wie zum Beispiel wenn ich auf Englisch unterrichte oder übersetze.

AS: *Übersetzt du Bücher des Dalai Lama ins Englische?*

KW: Nein, ich habe noch nie ein Buch des Dalai Lama übersetzt. Zurzeit übersetze ich gemäß den Anweisungen des Dalai Lama einen buddhistischen Text, der sich mit der Logik befasst. Dieser Text ist das zweite Kapitel des *Pramanavarttika* von einem großartigen indischen Meister, der Dharmakirti hieß. Oft übersetze ich auch mündlich. Ein sehr gelehrter Geshe, der seit vielen Jahren in der Meditation lebt, gab im Herbst 2015 zum Beispiel ein rund vierwöchiges Teaching, also Unterweisungen, bei dem viele der Teilnehmer aus dem Westen kamen. Er hat täglich zwei bis drei Stunden Unterweisungen gegeben, und ich habe übersetzt.

AS: *Das bedeutet, du hast dort aus dem Tibetischen für englischsprachige Menschen übersetzt, die dort unterrichtet wurden?*

KW: Ja, so ist es. Allerdings während des Monsuns in Dharamsala, von Juni bis August, unterrichte und übersetze ich nur wenig und beschäftige mich mehr mit dem Tibetischen, lese überwiegend tibetische Texte.

AS: *Warum unterrichtest du kaum während des Monsuns?*

KW: Weil viele Westler in der Monsunzeit Dharamsala verlassen. Für etwa drei Monate regnet es fast jeden Tag, es ist sehr schwül, und viele Leute werden krank.

AS: *Und wie hoch lebst du dort?*

KW: In einer Höhe von etwa zweitausend Metern über dem Meeresspiegel. Die Höhe ist allerdings nicht das Problem. Während des Monsuns ist das Problem, dass die Luftfeuchtigkeit sehr hoch und der Luftdruck sehr niedrig ist. Darum fühlt man sich oft schlapp, und man hat nicht viel Energie. Hinzu kommt, dass es äußerst neblig sein kann. Ich mag den Monsun allerdings sehr gerne.

AS: *Reden wir mal über dein Studium, die Debatten: Worin besteht dabei die Körperlichkeit, von der du mir früher schon mal erzählt hast?*

KW: Das Debattieren kommt ursprünglich aus Indien: In der Regel debattiert man zu zweit. In Indien saßen sich die beiden Kandidaten gegenüber, und derjenige, der den anderen herausforderte und Fragen stellte, schnippte mit dem Finger im Anschluss an jede Frage. *(Sie schnippt sehr energetisch und laut mit Daumen und Mittelfinger.)* Als der Buddhismus und damit das Debattieren in Tibet eingeführt wurden, hat sich diese Gestik etwas verändert. Jetzt steht der Herausforderer, und im Anschluss an jede Frage stampft er den rechten Fuß auf den Boden und klatscht die Hände zusammen. Die Person, die antwortet, sitzt im Schneidersitz vor dem Herausforderer.

AS: *Einer steht, und der andere sitzt?*

KW: Ja, einer sitzt, und einer steht. Manchmal gibt es auch Gruppendebatten, wo dann zwei, drei Studenten auf dem Boden sitzen und die anderen Studenten sie mit Fragen und Argumenten bombardieren. Das kann dann auch schon mal körperlich werden, wenn sich die Herausforderer zum Beispiel hin und her schubsen. Natürlich geschieht dies in einer freundschaftlichen Atmosphäre. Alle sind heiter, und es wird viel gelacht.

Als Bestandteil unseres Studiums haben wir jeden Tag etwa vier Stunden debattiert (zwei Stunden am frühen Nachmittag und zwei Stunden abends). Meistens haben wir in dieser Zeit zu zweit debattiert. Man debattiert in der Regel mit den eigenen Klassenkameraden und wechselt sich ab, sodass man manchmal als Herausforderer in der Debatte agiert und manchmal antwortet.

Das Debattieren hilft, die buddhistischen Schriften besser zu verstehen. Anhand von Logik und kritischer Argumentation versucht man, deren Bedeutung zu durchleuchten und ein besseres Verständnis zu erlangen. Oft glaubt man, nachdem man einen Text gelesen hat, die Bedeutung verstanden zu haben, aber das Debattieren ermöglicht es, Schwachpunkte bezüglich des eigenen Verständnisses festzustellen und sich den Sinngehalt eines Textes besser zu erschließen.

AS: *Das, was ich aus den Unterweisungen, bei denen ich dabei war, verstanden zu haben glaube, ist, dass in der tibetischen Dialektik oft Raum ist für mehrere Wahrheiten, aber auch für mehrere Möglichkeiten.*

KW: Ja, genau, viele Wahrheiten in dem Sinne, dass alles miteinander verknüpft ist und viele Dinge, wie wir sie wahrnehmen, nicht der Wirklichkeit entsprechen. Um diese Widersprüche aufzudecken, hinterfragt man die eigene Wahrnehmung: Ist etwas tatsächlich so, wie ich es wahrnehme? Wir glauben, dass die Dinge unabhängig von unserer Wahrnehmung existieren, dass sie objektiv und in sich existieren und nicht von meinem Bewusstsein abhängen.

AS: *Im Sinne von: Glaube nicht deinen eigenen Gedanken?*

KW: Gedanken schaffen Realität. Genau. Instinktiv glauben wir, dass das, was wir Realität nennen, wirklich so existiert, wie es uns erscheint. Aber selbst die moderne Wissenschaft hat dies widerlegt. Zum Beispiel was unsere Wahrnehmungen von Klängen betrifft, so hat die Physik bewiesen: Was wir hören, existiert gar nicht außerhalb unseres Gehirns und unseres Bewusstseins. Klänge und Töne sind das, was wir wahrnehmen als Resultat des Zusammenspiels von Druckwellen und unserem Trommelfell, unseren Neuronen, dem auditiven Gehirn und mehr. Ohne diese Faktoren gäbe es gar keine Klänge. Auch Farben existieren nicht so, wie wir sie wahrnehmen. Zum Beispiel die Farbe Grün ist das, was wir sehen aufgrund von Lichtwellen, den Augen, Sehnerven und dem visuellen Gehirn. Es gibt keine objektive Farbe Grün, die unabhängig von diesen Faktoren existiert. Und trotzdem denken wir beispielsweise, »diese Tasse hat einen schönen Grünton«, obwohl die Farbe Grün gar nicht in der Tasse zu sehen ist.

Die Dinge existieren nicht wirklich so, wie wir sie wahrnehmen. Aber da wir dem Irrtum unterliegen, dass die Dinge so existieren, sehen wir unsere Probleme in der anderen Person oder in der äußeren Situation, und so versuchen wir, ständig das Äußere zu ändern, statt uns mit unserem eigenen Bewusstsein auseinanderzusetzen und unsere eigene Sichtweise zu modifizieren.

Vom buddhistischen Standpunkt aus gesehen ist diese falsche Wahrnehmung der Realität die Hauptursache für alle unsere Probleme, und je mehr wir uns damit befassen, desto eher entwickeln wir das Vermögen, die Dinge so zu erkennen, wie sie wirklich sind. Das Debattieren fungiert als ein Werkzeug, das uns hilft, die Absurditäten der eigenen Wahrnehmung zu verstehen und unsere Wahrnehmung dementsprechend umzuwandeln.

AS: *Bedeutet das, die Debatte stellt logische Zusammenhänge wieder her?*

KW: Ja, durch das Debattieren kann man zu der Erkenntnis gelangen, dass alles miteinander verknüpft und voneinander abhängig ist und dass deshalb objektive, inhärente Existenz unmöglich ist.

Auch bezüglich zwischenmenschlicher Beziehungen ist das Verständnis der Wechselbeziehung der Dinge entscheidend. Wir sind alle voneinander abhängig. Wenn wir zum Beispiel eine Tasse Kaffee trinken, wie viele Menschen waren daran beteiligt, mir diesen Genuss möglich zu machen?

Aber nicht nur das. Ohne andere Lebewesen könnten wir gar nicht überleben, ohne die Hilfe und Unterstützung anderer wären wir nicht in der Lage zu laufen, zu sprechen, zu lesen, zu schreiben etc. Alles, was wir in diesem Leben gelernt und erreicht haben, war nur möglich in Abhängigkeit von anderen. Aber wenn dem so ist, warum sind wir so ichbezogen, warum glauben wir, dass unser Glück und Wohlergehen wichtiger sind als das anderer? Warum dreht sich in der Welt alles nur um uns?

Es ist genau diese Einstellung, die für die Probleme in der Welt verantwortlich ist. Aber eigentlich macht diese Ansicht überhaupt keinen Sinn. Das Wohlergehen anderer ist genauso wichtig wie das eigene, da andere genau wie wir glücklich sein und keine Probleme erleben wollen. Wir unterliegen dem großen Irrtum, dass eigennütziges Verhalten uns zugutekommt. Allerdings hat es nur zur Folge, dass wir noch mehr Sorgen, Ängste und andere Schwierigkeiten erfahren.

Es macht überhaupt keinen Sinn, egoistisch zu sein, es macht keinen Sinn, voller Hass und aggressiv zu sein. In der Realität findet man nichts, das diese Emotionen rechtfertigt, sie haben keine logische Basis, sie basieren nur auf einer Täuschung, wohingegen Liebe, Mitgefühl, der Wille, anderen zu helfen, mit der Wirklichkeit in Einklang stehen und im Idealfall auf einem realistischen Verständnis der Wirkverhältnisse dieser Welt beruhen.

Aus diesem Grund wird das Debattieren zur Schulung des logischen Denkens genutzt, da dies helfen kann, das eigene Bewusstsein zu transformieren.

AS: *Weil alles andere schon wieder eine Bewertung des anderen und eigene Egoismen wären?*

KW: Ganz genau. Es ist wichtig, die ichbezogene Einstellung nicht zu verstärken und stattdessen einen umfassenderen Blickwinkel zu entwickeln, indem man sich zum Beispiel in die Gefühle der anderen hineinversetzt, sich überlegt, welche Probleme und Ängste der andere hat, warum er bestimmte Dinge tut und so weiter. Auch ist es hilfreich zu erkennen, dass beispielsweise eine Person, die uns schadet – und wir starke Wut auf diesen Menschen entwickeln –, dass diese Person nicht nur Täter, sondern eventuell auch Opfer ist. Niemand wird als Täter geboren, und häufig ist jemand durch die Einflüsse der Eltern, des Umfelds und Ähnliches zum Täter geworden. Und gemäß der karmischen Lehre war ich als Opfer auch einmal Täter und habe anderen das angetan, das mir jetzt selbst widerfährt.

AS: *Was mich daran fasziniert, ist, dass es im eigentlichen Sinne nicht einmal spirituell ist, sondern pure Logik. Faszinierend.*

KW: Ja, die buddhistische Lehre beruht auf Logik, und es ist wichtig, dass man alles Gelernte kritisch hinterfragt, um dadurch eigene Einsichten zu erlangen. Denn ohne eigene Einsicht ist es nicht möglich, das eigene Bewusstsein zu schulen und zu transformieren, um selbst glücklicher und zufriedener zu werden und anderen effektiver helfen zu können.

AS: *Kelsang, ich danke dir sehr.*

KAPITEL 4

»Wie ich zur Geshe wurde.«

Aus einer Unterweisung
Kelsang Wangmos in London[1]

Ich kam auf einem Umweg zum Buddhismus. Dass ich einmal tibetische Philosophie studieren und Nonne werden würde, hätte ich früher nie für möglich gehalten, es ist einfach passiert.

Weder hatte ich spektakuläre Träume noch Visionen, die auf mein späteres Leben in irgendeiner Weise hingedeutet hätten. Ich war einfach ein ganz normaler Mensch, der in den Achtzigerjahren in Deutschland aufwuchs. Nach dem Abitur wollte ich ein Studium beginnen und vorher noch etwas von der Welt sehen. Der Übergang von der Schule zum Studium erschien mir aber zu plötzlich. Ich dachte, wenn ich noch etwas von der Welt sehen wollte, wäre dies der perfekte Zeitpunkt.

Ich begann meine Reise, für die ich mir ein Jahr Zeit nehmen wollte, mit einem kurzen Aufenthalt in Ägypten und lebte anschließend in einem Kibbuz in Israel. Diese Arbeit erschien mir sehr sinnvoll. Damals waren die Kibbuzim als Gesellschaftsmodell noch verbreiteter als heute. Alles war gut organisiert, das gefiel mir. Ich war umgeben von anderen Menschen; das nahm mir ein wenig von der Angst, allein auf mich gestellt zu sein.

Allerdings war damals mein Englisch nicht besonders gut. Ich hatte es zwar in der Schule gelernt, aber konnte mich nicht wirklich unterhalten. Wenn ich an meine rudimentären Englischkenntnisse aus dieser Zeit denke, kommt mir eine Episode aus der ersten Zeit in Israel in den Sinn: Ich ging in eine Bäckerei und fragte, ob ich ein Brötchen werden könne, anstatt zu fragen, ob ich eines bekommen könne. Ich übertrug das deutsche »kann ich bekommen« versehentlich ein-

fach ins Englische und fragte:»Can I become a bread roll?«,
ohne auch nur zu ahnen, warum man in der Bäckerei in Ge-
lächter ausbrach.

Meine Anfangsschwierigkeiten überwand ich aber schnell
und blieb für eine Weile in Israel. Wenn ich daran zurück-
denke, fällt mir auch wieder dieses Gefühl der Ungezwungen-
heit ein, das sich bald einstellte. Mir wurde klar, wie viel es von
der Welt noch zu sehen gab. Also verließ ich Israel und begann,
andere Länder zu bereisen. Die Türkei und Griechenland
waren meine nächsten Ziele.

In der Türkei hörte ich zum ersten Mal von Indien. Für
mich hatte das Wort»I-n-d-i-e-n« einen schönen und aufre-
genden Klang. Sie sollten besonderen Tee dort haben, es sollte
ungeheuer spirituell sein. Wer genau mir davon erzählte, fällt
mir heute nicht mehr ein, aber diese Bilder, die sich vor meinem inneren Auge auftaten, die kehren sofort zurück: weiße
Elefanten, meditierende Menschen und Spiritualität, wohin
man schaut. Über die Tibeter wusste ich damals noch nichts.

So setzte ich meinen Trip fort und reiste nach Asien, aber
erst einmal nach Thailand. Dort blieb ich ein paar Monate, bis
mir das Geld ausging.

Um weiterreisen zu können, musste ich Geld verdienen.
Also legte ich einen Zwischenstopp in Japan ein und arbeitete
dort für ein paar Monate, abends in einer Bar und tagsüber als
Modell oder Statistin. Japan war interessant und abenteuerlich,
aber meine Jobs langweilten mich. Dabei habe ich recht gut
verdient, denn Anfang der Neunzigerjahre war eine Frau aus
dem Westen in Japan ziemlich gefragt.»Du könntest so viel
mehr Geld verdienen«, hieß es zum Abschied, aber ich hatte

mich entschieden – und meine Neugier auf die Welt war größer als ewig »Salarymen« (japanische Geschäftsleute) zu bedienen oder Mode in Japan zu präsentieren.

Im Anschluss daran besuchte ich noch Bali und Java und reiste dann nach Indien. Worüber ich nicht nachgedacht hatte, war der Zeitpunkt: Ich kam Ende Anfang Mai dort an. April und Mai sind eine schwierige Zeit zum Reisen in Indien, denn es ist dann schon schrecklich heiß. Außerdem kam ich als Erstes in eine Stadt, in der man wirklich nicht seine Indienreise beginnen sollte: Kalkutta. Was ich dort sah und erfuhr, knockte mich regelrecht aus. Dreck, Armut, Staub und Menschenmassen, wie ich sie noch nie zuvor in meinem Leben gesehen hatte, versetzten mir einen regelrechten Kulturschock. So beschloss ich, nach Norden zu reisen.

Zuerst ging es nach Varanasi. Zu dieser Zeit reiste ich zusammen mit einem jungen Briten, der dann aber bald zurück nach England musste. Als er nach Europa zurückgeflogen war, entschied ich, noch ein wenig weiter nach Norden zu fahren, und besuchte Manali. Vor meinem inneren Auge hatte ich bereits die Heimreise begonnen, es war höchste Zeit, nach über einem Jahr an zu Hause zu denken und endlich auch das Studium zu beginnen, das ich ja noch plante.

So betrat ich eines Tages ein Traveller-Café in Manali, und während ich dort saß und über meine Rückreise nachdachte, unterhielten sich am Nachbartisch einige Westler über schöne Reiseziele in Indien. Sie sprachen über Dharamsala, von dem ich an diesem Nachmittag zum ersten Mal hörte.

»Der Dalai Lama lebt dort«, sagte der eine, und sein Freund fuhr fort, »und dort gibt es wirklich guten Schokoladenkuchen.«

Ich stutzte und fragte mich, wer der Dalai Lama war. Ich hatte in dem Moment keine Ahnung. Den Namen hatte ich schon einmal gehört, aber es fiel mir schwer, ihn zuzuordnen. Aber der Begriff »Schokoladenkuchen« ließ mir das Wasser im Mund zusammenlaufen. Ich hatte schon lange keinen Schokoladenkuchen mehr gegessen und beschloss daher, nach Dharamsala zu reisen.

Dieses Ereignis ist etwa sechsundzwanzig Jahre her: Ich nahm einen Tag später gleich den ersten Bus nach Dharamsala. Am Nachmittag kam ich in McLeod Ganj an. Dieser Ort, etwa fünfhundert Meter oberhalb von Dharamsala gelegen, beherbergt den Zentralsitz der tibetischen Exilregierung. Dort leben Exiltibeter und Inder. Viele der Inder zählen zur ethnischen Gruppe der »Gaddis« oder Schäfer, deren Heimat sich über die Berge rund um Dharamsala erstreckt. McLeod Ganj ist ein wunderschöner Ort, es gibt dort viele Klöster, auch das Kloster des Dalai Lama. Wo immer Platz für Neubauten ist, wird gebaut, und selbst die kleinste Baulücke wird auf kreative Weise in neuen Wohnraum für all die Menschen umfunktioniert. Kreativ muss man auch deshalb sein, weil man aufgrund der Abhänge des Himalaya beim Bau viel Fantasie benötigt. Dadurch wird die Bauwut der Einheimischen etwas gedämpft.

Ich hatte damals noch keine Ahnung, dass ich an dem Ort angekommen war, an dem ich das nächste Vierteljahrhundert verbringen würde. Es gab nur zwei Hauptstraßen, die parallel verliefen und unendlich viele Cafés mit Schokoladenkuchen, Milchkaffee und Spaghetti. Nach meiner Ankunft in McLeod Ganj war ich so erschöpft, dass ich mir dachte: »Das wird definitiv mein letzter Stopp auf dieser Reise sein!« Wie recht ich hatte, ohne es zu ahnen!

Ich erinnere mich auch noch daran, dass ich »auf der Suche« war. Nicht im klassischen Sinne einer Selbstfindung, eines Findens zu mir selbst, wie so üblich in meiner Generation, sondern es ging mir eher darum, eine bessere Idee davon zu bekommen, was ich wirklich mit meinem Leben anfangen wollte.

Ich hatte eigentlich beschlossen, Medizin zu studieren und Ärztin zu werden. Aber zehn andere Dinge hätten mich zu dieser Zeit mindestens ebenso sehr interessiert wie die Medizin. Ich musste mich also für etwas entscheiden, um bald, wie geplant, nach Deutschland zurückzukehren und ein Studium zu beginnen.

Mein letzter Gedanke, bevor ich am Abend meiner Ankunft todmüde auf mein Lager fiel, war: Jetzt weiß ich immer noch nicht, was ich studieren soll. Es ist an der Zeit, nach Hause zu fliegen.

Da es an diesem Tag in McLeod Ganj aufgrund eines Feiertags und vieler Besucher kaum Zimmer gab, mietete ich mir zusammen mit zwei jungen Männern und einer jungen Frau, die ich im Bus auf dem Weg nach Dharamsala kennengelernt hatte, ein kleines Zimmer, das so spartanisch war, dass es lediglich zwei Betten und eine Matratze gab. Die beiden Männer schliefen in den Betten, und ich teilte mir die Matratze in der Mitte mit der anderen Reisegefährtin.

Ich erinnere mich noch sehr gut daran, wie ich am anderen Morgen auf diesem Matratzenlager am Boden aufwachte und durch ein kleines Fenster als Erstes den klaren, blauen Himmel sah. Wenn es dort nicht regnet oder wolkig ist, ist der Himmel ganz strahlend klar und wunderschön blau.

Dann drehte ich mich zur Seite und erblickte eine Bettwanze, die an einem Bettpfosten neben mir hinaufkroch. Trotz dieses für mich normalerweise abschreckenden Anblicks, empfand ich seltsamerweise ein Gefühl tiefen Friedens und das Gefühl, zu Hause angekommen zu sein. Heute erkläre ich es mir damit, dass aufgrund der Anwesenheit des Dalai Lama und vieler praktizierender Mönche und Nonnen McLeod Ganj eine besonders friedvolle Atmosphäre hat, die sich auch auf die Besucher auswirkt.

Ich hatte nicht damit gerechnet, dass ich es in diesem überfüllten Bergörtchen so schön finden würde, und entschied mich, noch etwas länger zu bleiben. Mit zwei jungen Israelinnen, die ich kurze Zeit später kennenlernte, beschloss ich, eine bessere Unterkunft zu suchen, um noch etwas Zeit in McLeod Ganj zu verbringen.

Aus drei Wochen wurden vier Wochen, und aus vier wurden fünf, aber ich hatte immer noch nicht viel über den Buddhismus erfahren und wusste zunächst auch nicht, dass man den Buddhismus dort sogar studieren konnte.

Die beiden Israelinnen, mit denen ich zusammenwohnte, waren längst viel tiefer eingestiegen. Sie unterhielten sich angeregt über frühere Leben, über Wiedergeburt und jetziges Leben, die Zukunft, und wie wir sie durch unser Handeln beeinflussen könnten. Das fand ich albern. Reinkarnation? Nicht viel mehr als eine Modeerscheinung, dachte ich und: An so etwas werde ich doch nicht glauben! New-Age-Kram und nichts für mich.

Ich interessierte mich jedoch für die Meditation und beschloss, an einem Meditationskurs teilzunehmen. Ich fand bald einen Lehrer, der einen solchen Kurs anbot. Er war Inder und stammte aus einer Familie der persischen Linie des Zoroastrismus, war aber selbst praktizierender Buddhist. Seine Einführung in den Theravada-Buddhismus gefiel mir sehr, und schon die erste Unterrichtsstunde hat mein Leben verändert. Seine Erklärungen, zum Beispiel über die Tatsache, dass unsere Probleme ihren Ursprung in unserem eigenen Bewusstsein haben oder dass unsere negativen Emotionen unsere Wahrnehmung der Realität verzerren, machten so viel Sinn, dass ich gleich wusste, dass ich Buddhismus studieren und praktizieren wollte. Allerdings hätte ich damals nie gedacht, dass ich irgendwann Nonne werden würde. Selbst nachdem ich an mehreren buddhistischen Kursen teilgenommen hatte, konnte ich zunächst gar nicht verstehen, warum jemand Mönch oder Nonne werden wollte.

Tatsächlich löste der erste westliche Mönch, dem ich begegnete, regelrechte Aggressionen in mir aus. Tibetisch-buddhistische Mönche und Nonnen gab es viele in McLeod Ganj, aber westliche Nonnen oder Mönche sah man seltener. Dieser erste Westler war ein gebürtiger Australier, der schon viele Jahre als buddhistischer Mönch in der tibetischen Tradition lebte. Ich sah ihn damals zum ersten Mal, als er gerade aus einem Geschäft kam, und dachte mir nur: Wie peinlich ist der denn? Wieso versucht dieser Typ wie ein Tibeter auszusehen? Es war mir unverständlich, warum sich jemand wie ein tibetischer Mönch kleidet und sich den Kopf rasiert. Warum konnte er nicht einfach er selbst sein? Später jedoch lernte ich diesen Australier als einen sehr netten, aufrichtigen und guten Mönch kennen, der mir oft mit gutem Rat zur Seite stand.

Einige Zeit später begegnete ich dann der ersten westlichen Nonne. Aufgrund ihres geschorenen Kopfs, der nicht gerade der Figur schmeichelnden Kleidung und natürlich meiner eklatanten Ignoranz kam mir sogleich der Gedanke: Na klar ist die Nonne geworden – die hätte ja eh keiner geheiratet! Mein Blick auf westliche Mönche und Nonnen war in der Tat schrecklich unverständig und vor allem sehr abwertend. Aber heute bin ich froh, dass ich die Erfahrung einer solchen ersten negativen Einstellung machen konnte, denn nun, ein Vierteljahrhundert später, wenn ich gerade in westlichen Ländern in meiner Robe Leuten auf der Straße begegne, die mich abschätzig von der Seite betrachten, weiß ich genau, was in ihnen vorgeht. Aus meiner eigenen Erfahrung heraus kann ich verstehen, warum sie mein Anblick stört und vielleicht sogar wütend macht.

Aber um auf meine anfängliche Zeit in Dharamsala zurückzukommen: Der Buddhismus hatte mich wirklich gepackt. Dennoch ging es zu Beginn nur langsam voran für mich, obwohl ich sehr viel lernte. Ich hatte auch sonst nichts zu tun, denn ich ging weder arbeiten noch auf eine Schule, und so dehnte ich meinen Besuch immer weiter aus, wobei ich immer viel Zeit zum Nachdenken hatte.

Die Idee der Selbstlosigkeit begann mich zu begeistern, obwohl ich nicht einmal genau wusste, um was es dabei konkret ging. Ich fühlte mich auf eine seltsame Weise davon angesprochen. Bis dahin hatte ich ja noch geglaubt, als Individuum das Zentrum der Welt zu sein, und das nie auch nur einen Moment bezweifelt. Doch hier begegnete ich Menschen, die meinten, das sei eine vollkommen falsche Betrachtung. Das faszinierte mich.

Schließlich schrieb ich mich in Tushita, einem buddhistischen Meditationszentrum in der Nähe von McLeod Ganj, für einen längeren Kurs über Buddhismus ein. Bald darauf hatte ich das große Glück, dass mir Lama Yeshes Buch *Wisdom Energy* in die Hände fiel. Es hat mich so beeindruckt, dass mein Notizbuch sich rasch mit Zitaten von Lama Yeshe füllte.

Und dann beschloss ich, dieses Studium intensiver zu betreiben. Vielleicht sollte ich es an der Uni studieren, dachte ich mir. Meinem Selbstbild zufolge war ich noch immer das Mädchen aus dem Rheinland, das nach seiner Rückkehr nach Deutschland eine ordentliche Uni besuchen würde. Gut, dachte ich, dann aber vielleicht doch nicht Medizin, sondern Tibetologie. Oder vielleicht gleich Buddhismus?

So ganz langsam drang da etwas in meine Gedanken ein. Doch es gelang mir nicht gleich, mir diese Gedanken wirklich zu erlauben. Als ich es zum ersten Mal dachte, verbot ich es mir gleich wieder: Warum eigentlich nicht eine buddhistische Nonne werden? Aber nein, das war ja nur so ein seltsames Aufflackern von Gedanken. Schließlich war das etwas für die Tibeter, aber nicht für jemanden, der im Westen geboren und aufgewachsen ist!

Doch ich konnte es nicht verhindern, dass die Idee sich mehr und mehr in meinem Kopf festsetzte. Da bekam ich es mit der Angst zu tun: Wenn du dich entscheidest, Nonne zu werden, dann ist das eine Entscheidung für den Rest deines

Lebens. Du kannst deine Gelübde dann nicht einfach wieder zurückgeben!

Da gab es keine Umkehr mehr. Dieses Unwiderrufliche machte mir zu schaffen: Wenn du heiratest und feststellst, dass es nicht richtig war, kannst du dich wieder scheiden lassen, aber als Nonne? Bricht man dann auf halber Strecke ab? Das ließ mich nicht mehr los. Und immer wieder verbot ich mir deshalb diese Gedanken.

Schließlich sprach ich ausgerechnet mit jenem australischen Mönch darüber, der mich noch Wochen zuvor in Wut versetzt hatte, als er in seiner Mönchsrobe aus einem Laden gekommen war. Die Gespräche mit ihm halfen mir tatsächlich weiter.

Aber noch etwas ängstigte mich: Wenn ich mich dafür entscheiden sollte, buddhistische Nonne zu werden, würde ich nicht einmal eine berufliche Ausbildung vorweisen können! Was würde passieren, wenn ich jetzt eine Nonne würde und nach fünfzehn Jahren zum Beispiel vom Glauben abfiele und meine Gelübde dann zurückgäbe? In meiner Fantasie sah ich mich schon für den Rest meines Lebens die Toiletten bei McDonald's putzen. Ich hatte zwar mein Abi, aber außerdem? Und würde ich als Nonne finanziell gesehen über die Runden kommen?

In den buddhistischen Schriften heißt es, wenn man ein gut praktizierender Buddhist ist, wird man nicht verhungern, und die Nudeln kämen einem, wenn nötig, entgegengerollt. Aber würde mir das reichen? Und würde aus mir überhaupt eine gut praktizierende Nonne werden können? Was für Zwischenformen gäbe es? Könnte ich eine Teilzeit-Praktizierende sein und gleichzeitig einen anderen Beruf ausüben?

Erst nach und nach reifte in mir die Erkenntnis: Das ist es, was ich will! Nonne zu werden machte einfach mehr Sinn als alles andere. Ich hatte so viele Fragen dazu, auf die ich eine Antwort wollte, aber trotzdem war mir bald klar, dass mein Weg der einer buddhistischen Nonne sein würde.

Nun hatte ich zwar Klarheit, doch dafür bald ein anderes Problem. Wie sollte ich es meinen Eltern sagen, wie konnte ich mir ihr Einverständnis holen? Bei genauerer Betrachtung wusste ich, dass es dabei um etwas viel Essenzielleres ging. Ich wollte ihren Segen. Also rief ich meine Eltern an und war überrascht, besonders von der spontanen Reaktion meiner Mutter: »Gib bloß nicht dein Geld weg. Ich komme!« Sie fürchtete, ich hätte mich einer Sekte angeschlossen, deren Anhänger versuchen würden, mich meines Ersparten, das ich in Japan verdient hatte, zu entledigen.

Damals war ich in Nepal, wo ich in einem tibetischen Kloster, im Kopan Monastery, an einem einmonatigen Buddhismus-Kurs teilnahm. Meine Mutter besuchte mich dort, und anschließend beschlossen wir, zu den Unterweisungen und der Kalachakra-Einweihung von Seiner Heiligkeit dem Dalai Lama nach Varanasi in Nordindien zu reisen.

Nach diesen Unterweisungen und der Einweihung wollte ich sofort Nonne werden. Meine Eltern waren zu dem Zeitpunkt zwar bereit, mir ihr Einverständnis zu geben. Sie wollten aber, dass ich zunächst ein paar Monate in Deutschland verbringe, sodass ich mir wirklich sicher werden konnte, dass dies der richtige Weg für mich sei, und ich nicht meine Pläne ändern würde, sobald ich mich in der mir vertrauten Heimat befand. Außerdem litt ich seit einigen Monaten an Durchfall und hatte viel abgenommen, sodass ein erholender Aufenthalt in Deutschland eine gute Idee zu sein schien.

Ich flog also mit meiner Mutter zurück nach Deutschland und verbrachte etwa zwei Monate mit meiner Familie.

Danach kehrte ich nach Dharamsala zurück und legte die ersten Gelübde ab. Nun war die große Frage natürlich: Was mache ich jetzt als Nonne? Und ich wollte nicht nur irgendetwas machen. Nein, ich war sogleich fest davon überzeugt, nur das Beste tun zu wollen, mich der größten Herausforderung zu stellen. Nichts weniger als dies sollte es sein.

Also dachte ich, eine Yogini zu werden, und mietete mir ein abgelegenes Häuschen mit modrigen Mauern. Es sollte alles schön hart und schwierig sein, denn ich hatte erfahren, dass die tollsten Yogis und Yoginis noch karger, noch härter und noch reduzierter lebten, als ich es ohnehin hier schon tat. Als ich dann noch erfuhr, dass »echte Meditators« eher mit Kerosin als mit Gas kochten, tauschte ich meinen komfortableren Gasofen um in einen Kerosinofen. Wer je in Indien war und in abgeschiedenen Berggegenden in kleinen Häusern lebte, weiß, dass das ein unverzeihlicher Fehler war, denn bei den Kerosinöfen muss man viel pumpen und ständig darauf hoffen, dass bloß nichts explodiert! Hinzu kam, dass das Innere meiner Nasenlöcher nach jedem an diesem Ofen zubereiteten Mahl schwarz vor Ruß war. Aber solange ich als entsagende Yogini galt, konnte ich damit leben!

Etwas, das ich auch gehört hatte, war, dass Yogis und Yoginis schon morgens um drei Uhr aufstehen würden. Also stellte ich meinen kleinen Wecker auf drei Uhr und war stolz darauf, in meinem neuen Leben alles äußerlich total yogimäßig eingerichtet zu haben. Ich stand also morgens um drei auf und bereitete mich todmüde auf einen Meditationstag vor, nur um dann gegen vier wieder im Bett zu liegen, da ich die Augen nicht offen halten konnte. So nahm meine Yogi-Existenz ihre eigene, sehr seltsame Form an.

Zudem fand ich das Meditieren fürchterlich langweilig, zumal ich nicht genau wusste, über was ich meditieren sollte. Einer meiner Lehrer sagte mir, ich sollte Niederwerfungen machen. Also machte ich Niederwerfungen. Die brachten mich allerdings ins Schwitzen, und ich hasste es zu schwitzen. Also hasste ich auch diese Praktiken.

Wieso, fragte ich mich, gefangen in meinem Ego, machen die diese Übungen dann nicht gleich im Wasser? Im Wasser wären mir die Kniefälle schließlich viel leichter gefallen. Ein Lehrer hatte mir zudem gesagt, ich sollte insgesamt hunderttausend Niederwerfungen machen. Hunderttausend? Selbst tausend erschienen mir viel, aber hunderttausend?

So geriet meine Existenz als Yogini zunehmend in Gefahr. Irgendwann wurde mir klar, dass meine Vorgehensweise völlig falsch war. Ich wusste nicht, worüber ich meditieren sollte, da ich ja kaum die Grundlagen des Buddhismus kannte. Also beschloss ich, buddhistische Philosophie zu studieren. Da es jedoch damals noch nicht viele Bücher über den Buddhismus auf Deutsch oder Englisch gab, überlegte ich mir, dass ich zunächst Tibetisch lernen würde.

Ich wandte mich an eine meiner Nonnen-Freundinnen, eine Tibeterin, und bat sie, mir Tibetischunterricht zu geben. Allerdings hatte sie nur wenig Zeit und fühlte sich auch nicht kompetent genug, mich zu unterrichten. Stattdessen empfahl sie mir, mich an Geshe Gyatso, einen Gelehrten und Lama des IBD, zu wenden, da er ein sehr guter und erfahrener Lehrer sei.

Ich suchte Geshe Gyatso auf und bat ihn, mir Tibetisch beizubringen. Er willigte ein, meinte aber, dass die beste Methode, Tibetisch zu lernen, das Debattieren sei, und schlug vor, dass er mich das Debattieren lehrt, da ich dadurch das Tibetische gleich mitlerne. Obwohl ich nicht wirklich wusste, was Debattieren ist, willigte ich sofort begeistert ein.

Geshe Gyatso begann gleich mit dem Unterricht und brachte mir die ersten tibetischen Begriffe des Debattierens bei. Viele Begriffe, die beim Debattieren benutzt werden, unterscheiden sich von denen des Alltagstibetisch und müssen auch von Tibetern zunächst erlernt werden.

Nach einigen Unterrichtsstunden entwickelte ich großes Interesse an dieser Methode des Lernens und wollte buddhistische Philosophie studieren. Obwohl das IBD ein neues Studienprogramm anbot, war ich daran zunächst nicht interessiert, da dann meine Klassenkameraden überwiegend Mönche gewesen wären. Stattdessen wollte ich lieber in einem der Nonnenklöster studieren, in denen ähnliche Studienprogramme angeboten wurden.

Zu jener Zeit gab es weniger buddhistische Nonnenklöster in Indien als heute. Dolma Ling, der tibetische Konvent, der heute unterhalb von Dharamsala liegt, existierte damals noch nicht. Die tibetische Regierung im Exil hatte noch nicht einmal das Land gekauft, auf dem er gebaut werden sollte. In der Nähe gab es lediglich ein kleines Bauernhaus, in dem einige Nonnen zusammen in einem großen Zimmer lebten. Sie hatten allerdings nicht die Möglichkeiten, eine westliche Nonne aufzunehmen. In den anderen Nonnenklöstern im Süden Indiens und in Nepal war es ähnlich.

Nur Ganden Choeling, das sich in der Nähe des Klosters des Dalai Lama befindet, gab es schon, und das beherbergte fast hundert Nonnen. Jedoch bestand dort ein anderes Problem: Beinahe täglich trafen zu jener Zeit, Anfang der Neunzigerjahre, Nonnen ein, die aus Tibet vor den Repressalien der chinesischen Regierung geflohen waren, um in Indien in Freiheit zu leben und eine Ausbildung zu erhalten, denn dies blieb ihnen in Tibet aufgrund der Unterdrückung durch die Chinesen verwehrt. Deshalb war es auch nicht möglich, mein Studium dort zu machen. Es blieb mir also nichts anderes übrig, als mich in dem Studienprogramm am IBD einzuschreiben.

Die Mehrzahl meiner Klassenkameraden waren tibetische Mönche. Auch gab es einige Westler, aber keine Frauen. Darum entschied ich, im Nonnenkloster Ganden Choeling zu wohnen, denn dort konnte ich trotz des Platzmangels für einige Zeit ein Zimmer bekommen. Also studierte ich tagsüber am Institut für Dialektik und kehrte abends in mein Zimmer im Nonnenkloster zurück. Das bedeutete auch insofern eine Herausforderung, da es, wenn ich das Institut verließ, immer schon spätabends war, und ich zu Fuß nach Hause gehen musste.

Auf meinen Heimwegen durchlebte ich regelmäßig Ängste, denn es gab zwar eine Abkürzung durch einen kleinen Wald zwischen Institut und Nonnenkloster, doch ich wusste, dass einem auf diesem Weg Leoparden und Bären begegnen konnten. Dann gab es einen längeren Weg, der mich zwei Kilometer weit über eine Straße führte, aber dort lauerte eine andere Gefahr: betrunkene Männer. Also versuchte ich, etwas breitbeinig wie ein Mann zu gehen, damit man mich im Dunkeln für einen Mönch hielt. Auf meinem morgendlichen Weg zum Institut war das nicht notwendig, denn es war ja hell. Aber die letzte Debatte im Institut startete um halb acht am Abend und ging meist bis gegen zehn Uhr abends.

Die Nonnen in Ganden Choeling betrachteten mich derweil mit entsprechender Skepsis. Jeden Abend kam diese fremde Nonne aus dem Ausland so spät heim. Wo hatte die um Himmels willen nur ihren Tag verbracht? Wenn ich dann sagte, ich würde am Institut für Dialektik studieren, stieß das auch nicht immer unbedingt auf Verständnis, da man ja wusste, dass ich bis spätabends mit den Mönchen debattiert hatte. Nach einiger Zeit konnte ich dann aber ein Zimmer neben dem Institut bekommen, was die Sache vereinfachte.

Allerdings gab es noch weitere Herausforderungen: Da ich viel Zeit damit verbrachte, das Debattieren zu erlernen, Texte auswendig zu lernen etc., konnte ich noch immer nicht richtig Tibetisch sprechen. Nun konnte ich zwar etwas debattieren, beherrschte aber nur wenig Alltagssprache. Meine Lehrer verstand ich einigermaßen, wenn auch nicht immer. Hinzu kam, dass der Gründer und Direktor unseres Instituts, Geshe Lobsang Gyatso, nur manchmal seine dritten Zähne trug. Wenn er sie nicht trug, nuschelte er so stark, dass ich kaum etwas verstand. Seine Unterrichtsstunden blieben mir also oft ein Rätsel.

Und noch etwas anderes machte mir zu schaffen. In meinem Selbstverständnis war ich nicht nur eine moderne, junge Frau, ich sah mich vor allem auch als moderne, junge Feministin. Meine Haltung war klar, und so führten viele der Sprüche meiner Mitstudenten dazu, dass ich mich in dieser Identität angegriffen fühlte.

Die Mönche in meiner Klasse setzten sich aus zwei Gruppen zusammen: diejenigen, die aus den drei großen Klöstern im Süden Indiens (aus Drepung, Ganden oder Sera) gekommen waren, und diejenigen, die gerade die Highschool beendet hatten, erst vor Kurzem ordiniert worden waren und noch keine Ahnung vom Klosterleben hatten.

Um die erste Gruppe zu verstehen, muss man wissen, dass sie aus Gegenden Indiens kamen, in denen es sehr viel heißer war als in McLeod Ganj. Auch war damals das Essen dort viel schlechter als heute oder so knapp, dass viele der Mönche dort erkrankten, an Tuberkulose und anderen Krankheiten, und von ihren Lehrern in den wesentlich kühleren Norden geschickt wurden, um dort ihr Studium fortzuführen. Sie hatten zum Teil schon fünf bis zehn Jahre lang buddhistische Philosophie studiert und kamen mit einem großen Vorwissen. Die Regel an unserem Institut aber war, das Studium von Anfang an zu beginnen. Dies war gerade beim Debattieren ein großer Vorteil, da meine anderen Klassenkameraden und ich von dem Wissen dieser Mönche sehr profitierten. Auch waren sie sehr freundlich und über alle Maßen hilfsbereit uns anderen gegenüber. Allerdings hatten sie ihre Kindheit und Jugend überwiegend im Kloster verbracht und bisher nicht viel Kontakt mit Frauen gehabt, sodass sie sich in meiner Gegenwart nicht unbedingt wohlfühlten. Sie waren zwar sehr freundlich und halfen mir, wann immer ich sie darum bat, aber es bestand immer eine Distanz zwischen uns.

Die Mönche der zweiten Gruppe hatten gerade die zwölfte Klasse der Schule beendet, ihren Schulabschluss gemacht und danach beschlossen, Mönche zu werden. Als Neulinge versuchten sie, sehr gute Mönche zu sein und somit auch den Frauen fernzubleiben. So gingen auch sie auf Distanz zu mir. Und die wenigen Mönche, die mir gegenüber nicht ganz so distanziert waren, wurden von den anderen gehänselt, was meine Situation nicht einfacher machte. Darum fühlte ich mich oft, besonders wenn ich mit meinen Klassenkameraden zusammen war, sehr einsam.

Allerdings hatte ich eigentlich auch nur Kontakt mit meinen Klassenkameraden, da unser Studium so intensiv war. Wir hatten von morgens bis abends Unterricht und Debatten, dann andere Zusammentreffen, in denen wir weiter diskutierten und den Stoff gemeinsam durchgingen, auch, um einander beim Verstehen zu helfen. Irgendwann musste ich mich damit abfinden, dass ich dabei immer die Außenseiterin sein würde.

Mir wurde damals klar, dass Einsamkeit in einer Gruppe viel schmerzhafter sein kann, als wenn man wirklich allein ist. Und mir war natürlich klar, wenn ich ein Mann gewesen wäre, dann wäre alles einfacher gewesen. In solchen Momenten tiefster innerer Trübsal dachte ich sogar ernsthaft darüber nach, wie es wäre, wenn ich eine Geschlechtsumwandlung vornehmen lassen würde.

So viel zu den negativen Erfahrungen während meines Studiums, aber diese Zeit hielt auch positive Erlebnisse bereit. So bot sich mir zum Beispiel endlich die Möglichkeit, die Tibeter als Volk richtig kennenzulernen. Ich möchte an dieser Stelle nicht alle Tibeter als »Bodhisattvas« bezeichnen, die wie der Dalai Lama ihr ganzes Leben dem Wohlergehen anderer widmen. Wie überall gibt es unter den Tibetern sehr nette Menschen und auch weniger nette Menschen. Und doch verfügt dieses Volk über besondere Qualitäten, die wir im Westen entweder längst verloren haben oder nie besaßen, da wir die buddhistische Kultur nie als Einfluss zuließen.

Ein paar Dinge, die mir anfänglich befremdlich erschienen, führten letztlich dazu, dass ich doch unendlich viel durch sie lernen durfte. Dazu gehört in Teilen das Verhalten der Tibeter, das mich eingangs zu dem Irrglauben verleitete, Tibeter seien emotional unterkühlte Menschen. Es fiel mir auf, dass wann immer Tibetern etwas Schlimmes widerfuhr, sie oft mit einer Art Gleichgültigkeit reagierten, die mir fremd war. Wenn ihnen etwas Wundervolles passierte, war die Reaktion häufig nicht viel anders. Mein Lehrer bezeichnete mich hingegen manchmal als »Gefühls-Jo-Jo«. Ich war tatsächlich wie ein Jo-Jo hinsichtlich meiner Gefühlsausbrüche. Wenn mir etwas Gutes passierte, war ich »himmelhoch jauchzend« und bei etwas Negativem »zu Tode betrübt«! Der Rat meines Lehrers, wenn ich mit übertriebener Begeisterung auf etwas reagierte, war: »Ich freue mich für dich, aber binde dich nicht zu sehr an diesen Glückszustand. Er ist vergänglich und geht vorüber.« Bei Enttäuschungen riet er mir: »Sei nicht traurig, was immer passiert, es ist vergänglich und hält nicht lange an.«

Langsam wurde mir klar, wie oft ich aus einer Mücke einen Elefanten machte, indem ich vielen Ereignissen ein viel größeres Gewicht gab, als ihnen zustand. Ich lernte, dass die Tibeter nicht herzlos sind, sondern dass das Konzept der Vergänglichkeit ihre Persönlichkeit und ihr Handeln beeinflusst hat. Viele

Tibeter erkennen, dass etwas, das uns jubeln oder verzweifeln lässt, sich in dem Moment, in dem wir uns selbst noch im Zweifel und im Jubel befinden, bereits wieder verändert. Während ich mich emotional noch ereifere, verwandelt sich das Ereignis, das dies auslöste, bereits in etwas anderes.

Selbst wenn etwas nur für einen Wimpernschlag lang schlimm sein mag, sind wir es selbst, die es schlimmer machen durch unsere Angewohnheit, Dinge aufzubauschen, indem wir übermäßig auf sie reagieren.

Jemand beschimpft mich, ich schimpfe zurück, und während ich mich noch inmitten der Schimpftirade und den damit verbundenen Gefühlen befinde, ist die anfängliche Situation längst vergangen. Doch auch noch Stunden später scheinen die Worte des anderen wie eine dunkle, schwere Wolke über mir zu schweben, und ich bin nicht in der Lage, sie loszulassen. Aber da diese Worte längst nicht mehr da sind, hängt es von mir ab, ob ich ihnen Gewicht gebe oder nicht. Darum ist die Schlussfolgerung: Lass es einfach gehen, es verändert sich sowieso alles von Moment zu Moment.

Oft geben wir Worten viel zu viel Gewicht. Dies vermittelte mir auch mein Lehrer, als ich irgendwann von jemandem als »Bang-go« beschimpft worden war. »Bang-go« ist Tibetisch und heißt wörtlich übersetzt »Bettler«. Allerdings ist es auch ein beleidigender Ausdruck, und ich war tief gekränkt. Als ich meinem Lehrer davon erzählte, war seine Reaktion: »Das ist doch nur ein Wort. Du bist diejenige, die es zur Beleidigung werden lässt.« Kurz darauf begann er mich Bang-go zu nennen. »Bang-go, wie viel Uhr ist es?«, »Bang-go, kannst du bitte das Fenster öffnen?«, »Bang-go, heute fällt der Unterricht aus.«

Nach etwa einer Woche war mir klar geworden, dass das Wort »Bang-go« mich nicht verletzen konnte. Es waren nur meine Gedanken, meine Reaktion auf das Wort, die mir schadeten.

Die Tibeter, insbesondere meine Lehrer und Klassenkameraden, haben mir auch durch ihr eigenes Beispiel gezeigt, wie man Schwierigkeiten bewältigt, indem man sie mit Humor angeht und sie nicht als etwas Negatives, sondern als Herausforderung betrachtet.

Sie haben mir gezeigt, wie man mit Neid und Eifersucht umgeht, indem man lernt, sich für andere zu freuen. Natürlich findet man auch in den buddhistischen Schriften, Erklärungen darüber, dass man als Gegenmittel zu Neid lernen muss, sich für den Erfolg eines anderen zu freuen. Allerdings ist dieser Ratschlag wesentlich effektiver, wenn man ihn in der Praxis angewandt beobachten kann.

Eifersucht und Neid sind sehr schmerzhafte Bewusstseinszustände. Keiner denkt sich: Heute hatte ich einen tollen Tag. Ich war von früh morgens bis spät am Abend eifersüchtig. Auch sind Neid und Eifersucht vorherrschende Emotionen im Westen des 21. Jahrhunderts.

Wir Westler wachsen in einer Gesellschaft auf, in der Konkurrenz uns von Kindesbeinen an als etwas Gutes vermittelt wird. Konkurrenzdenken selbst ist nicht einmal das Problem, allerdings führt es uns in ein anderes emotionales Feld, das mit Missgunst und Abneigung in Verbindung steht. Neid ist ein Gefühl, das wesentlich schmerzhafter ist als andere negative Emotionen wie die Wut oder Aversion.

Meine Klassenkameraden waren fast überhaupt nicht anfällig für Neid. Nicht, dass sie sich nicht miteinander verglichen hätten, es gab gelegentlich Testosteron geschwängertes Konkurrenzdenken zwischen den Mönchen, aber es war immer gutmütig und ohne Missgunst.

Und obwohl es beim Debattieren hart zur Sache ging, gab es am Ende immer ein Sich-aufeinander-zu-Bewegen. Eigene Skepsis war dabei: Habe ich selbst vielleicht einen Fehler begangen? Sollte ich lieber noch einmal darüber nachdenken? Hat meine Perspektive überhaupt mit der Realität zu tun? Wichtiger als der Konkurrenzgedanke war die Freude und Ausgelassenheit darüber, dass man die eigenen Grenzen erfahren und neue Erkenntnis erlangt hatte.

Wenn einem meiner Klassenkameraden etwas Gutes widerfuhr, freuten sich die anderen aufrichtig für ihn. Einer meiner Klassenkameraden sprach beispielsweise oft davon, dass er nach seinem Studium an einer westlichen Universität studieren wollte. Eines Tages kam er ganz aufgeregt und glücklich zum Unterricht. Der Grund für seine Freude war, dass einer der Jungs in seinem Dorf sich gerade an einer Universität eingeschrieben hatte. Er war darüber so glücklich, als sei es ihm selbst widerfahren.

Wenn ich mit jemandem über die Qualitäten anderer sprach, freuten sich meine Klassenkameraden aufrichtig und lobten die Person sowie ihre Fähigkeiten. Oft wusste ich aus vorangegangenen Gesprächen, dass es sich um die Dinge handelte, die sie sich für sich selbst gewünscht hatten. Es wäre natürlich einfacher, sich über das neue Auto des Nachbarn zu freuen, wenn man selbst nicht an Autos interessiert wäre. Aber wahre Größe besteht darin, sich für jemanden über etwas zu freuen, das man sich selbst sehr gewünscht hat. Dem westlichen Denken ist dies oft fremd. Da herrscht stattdessen Eifersucht, die wir uns selbst nicht einmal einzugestehen bereit sind. Obwohl diese schmerzhaft ist und niemandem hilft.

Schauen wir uns jetzt einmal das gegenteilige Gefühl der Freude an, und kreieren wir auch dort das Korrelat – was bedeutet, wir lösen auch beim anderen Freude aus und bereiten sogar das Feld dafür, dass wir das, worüber wir uns bei ihm freuen, auch selbst erleben oder haben dürfen. Hinzu kommt, dass man viel mehr Freude im Leben hat, wenn man sich nicht nur am eigenen Erfolg, sondern auch an dem der anderen freuen kann.

Tibeter haben zudem einen sehr starken Gemeinschaftssinn, etwas, was uns im Westen oft fehlt. So erlebte ich beispielsweise immer wieder, dass jemand sein Zimmer anstrich und dabei nicht lange allein blieb, sondern sofort Hilfe von anderen bekam. Oder jemand nahm den Bus nach Delhi, und auf dem Weg zur Bushaltestelle war er schnell umringt von fünf oder sechs Freunden, die ihn begleiteten, seine Taschen trugen, zum Bus brachten und verabschiedeten.

Zeit kann im Westen etwas sehr Kostbares und ein großes Geschenk sein, denn dort sind die meisten sehr beschäftigt. Das Streben nach materiellem Wohlstand und Komfort hält uns alle so in Atem, dass uns keine Zeit mehr füreinander bleibt. Oder wir verbringen so viel Zeit im Internet, verlieren uns dort so sehr, dass nicht mehr viel Zeit für die Freunde bleibt. Bei den Tibetern dagegen habe ich es beispielsweise noch nie erlebt, dass jemand, der krank war und ins Krankenhaus musste, allein dort hingehen musste. Es war immer jemand an seiner Seite, der ihn begleitete.

Auch unter den Menschen, mit denen ich seit über zwanzig Jahren lebe, gibt es viele, die sehr beschäftigt sind, nur verzetteln sie sich hinsichtlich ihrer Zeit nicht so, sie kennen kaum Zerstreuung und gehen sehr sorgsam mit ihrer Zeit um. Man schaut zum Beispiel weniger Filme an, weil anderes wichtiger ist. Da sein füreinander, das ist gelebtes Dharma.

Noch ein anderes Gefühl gewann für mich zunehmend mehr an Bedeutung: das der Sanftmut. Diese selbstverständliche Freundlichkeit, mit der Tibeter einander oft bedachten. Ich erinnere mich an eine Reise, die ich mit dem Bus nach Delhi machte. Im Bus saß ein Westler, der sich das Bein gebrochen hatte und einen Gipsverband trug. Man sah ihm an, wie schwer es ihm fiel, eine bequeme Sitzposition zu finden. Eine ältere Tibeterin, die in seiner Nähe saß, positionierte darum ihr Bein während der zwölfstündigen Fahrt so, dass der Westler sein verletztes Bein auf dem ihrigen ausruhen konnte, einfach, weil sie Mitleid mit ihm hatte und ihm mit den einfachen Mitteln, die ihr zur Verfügung standen, helfen wollte. Sie erwartete dafür nicht einmal große Dankbarkeit.

Ich habe auch sehr viel Großzügigkeit bei den Tibetern erlebt. Einer meiner Klassenkameraden hatte von Verwandten im Westen einen Computer erhalten. Viele seiner Freunde saßen um das Gerät herum und beschäftigten sich damit. Da betrat sein Neffe das Zimmer und meinte: »Oh, genau so einen Computer brauche ich für mein Studium, gib ihn mir, bitte!« Und es stand außer Zweifel, dass er ihn mitnehmen durfte, also geschenkt bekam.

Eine solche Großzügigkeit erlebte ich auch, als zwei Freunde ihre Mobiltelefone tauschten. »Dein Handy ist ja schön«, sagte der eine und bekam es tatsächlich, obwohl der Gebende einen Verlust erlitt, denn sein Freund überließ ihm im Tausch dafür ein altes Nokia-Mobiltelefon das nur noch mangelhaft funktionierte. Dahinter steht das Prinzip: Jemand anderes möchte etwas, das mir gehört? Es ist mir eine Freude zu geben.

In all den Jahren meines Studiums in Dharamsala lernte ich enorm viel von meinen Lehrern, aber auch sehr viel von meinen Mitstudenten. Ich fühlte mich beschenkt durch ihre Gegenwart und durch die Tatsache, dass ich in dieser tibetischen Gesellschaft leben und lernen konnte. Natürlich verhalten sich nicht alle wie »Bodhisattvas«, also wie diejenigen, deren größtes Anliegen das Wohlergehen der anderen ist. Und natürlich gibt es auch eine neue Generation von Tibetern, die mehr an materiellen Dingen als am Buddhismus interessiert ist; das hat sich im Laufe der Jahre stark verändert. Aber trotzdem durfte ich viel Kostbares lernen.

Was mich in Dharamsala während des Studiums aber noch mehr beglückte, war der Umstand, dass wir in der Gesellschaft großer Lamas studieren durften. Einer unserer Lehrer am Institut war einer dieser auf unglaublich beeindruckende Weise Praktizierenden. Zu meinem nachträglichen Bedauern war ich mir allerdings nicht sehr seiner spirituellen Fähigkeiten bewusst.

Eines Tages starb er im Delek Hospital, einem Krankenhaus in der Nähe von McLeod Ganj. Die Ärzte hatten ihn untersucht und ihn für tot erklärt, doch sein Geist befand sich noch immer in einer speziellen Meditation, wie sie nur große Lamas beherrschen. Er war inmitten dieser tiefen Meditation verstorben.

Die buddhistischen Schriften erklären, dass sich zum Zeitpunkt des Todes die gröberen Bewusstseinsebenen auflösen und sich subtilere oder feinsinnigere Ebenen manifestieren. Hoch entwickelte Lamas, die ihr Bewusstsein lange Jahre in der Meditation geschult haben, sind in der Lage, zum Zeitpunkt des Todes die subtilste dieser Bewusstseinsebenen gezielt zu erleben und damit zu meditieren. Bei Menschen, die nicht über solche Fähigkeiten verfügen, treten subtilere Bewusstseinsebenen zwar ebenfalls auf, aber sie sind nicht in der Lage, diese Ebenen wahrzunehmen und zur Meditation zu nutzen. Also verlässt das subtilste Bewusstsein relativ schnell den Körper, um woanders wiedergeboren zu werden. Bei hohen Lamas bleibt das subtilste Bewusstsein so lange im Körper, bis die Meditation beendet ist. Dass kann einige Tage, aber auch Wochen dauern. Das subtilste Bewusstsein ist dem Herzen zugeordnet. Allerdings nicht dem Herzen als Organ, sondern dem Herzchakra, das sich im Zentrum der Brust befindet. Dort ist das subtilste Bewusstsein angesiedelt. Während sich ein hoher Lama zum Zeitpunkt des Todes in der Meditation befindet, bleibt ein kleines Gebiet im Zentrum der Brust – also am Herzchakra – warm. Ansonsten ist der Körper des Meditierenden kalt und leblos, ohne Herzschlag und Blutzirkulation. Der Körper bleibt jedoch erhalten, ohne dass der Verwesungsprozess beginnt. Wenn eine Person diesen Zustand erreichen kann, zeichnet sie das als einen Praktizierenden auf einem sehr hohen Niveau aus.

Es hat viele überrascht, dass unser Lehrer auf einer so hohen Stufe angelangt war, da er immer sehr unauffällig und bescheiden war. Meine Klassenkameraden und ich fuhren zum Krankenhaus, um dort Gebete in der Gegenwart seines Körpers zu rezitieren. Es war die Zeit des Monsuns, und in dem Zimmer herrschten mindestens dreißig Grad Celsius. Zu dieser großen Hitze kamen auch noch neunzig Prozent Luftfeuchtigkeit. Unser Lehrer war bereits seit drei Tagen tot, als wir das Krankenhaus erreichten. Aber sein Körper zeigte noch keine Anzeichen von Verfall!

So wurden wir Zeugen dessen, wie er noch eine ganze Woche in diesem geistigen Bewusstsein blieb. Dann erst war seine Meditation vorüber, und das Bewusstsein verließ seinen Körper. In dem Moment aber setzte sofort die Verwesung ein, und er wurde am nächsten Tag eingeäschert.

Ich war glücklich, einen so ungewöhnlichen Menschen kennengelernt und ein so außergewöhnliches Erlebnis gehabt zu haben. Auch hat sein Tod ein ganz neues Bewusstsein bezüglich früherer und zukünftiger Leben in mir ausgelöst.

Das bringt mich wieder auf den Ursprungsgedanken zurück: Wie gelang es mir, eine Geshe zu werden?

Das Studium war in fünf Hauptthemen aufgegliedert. Jeder Tag war der Arbeit gewidmet, bis auf den Sonntag, der immer frei war. Wir hatten verschiedene Fächer, die wir jeweils eine bestimmte Zeit lang studierten. Als Erstes lernten wir zu debattieren. Unser Unterricht umfasste die Lehre der Logik sowie die des Bewusstseins. Wir lernten, was die Wahrnehmung ist, wie viele Arten der Wahrnehmung es gibt und vieles mehr, um dieses Wissen dann anschließend beim Debattieren einzusetzen.

Dann begann das erste Hauptthema, die »Prajnaparamita Sutras« (Sutras der perfekten Weisheit). Während des Studiums dieser Sutras erlernten wir die unterschiedlichen Formen der Meditation. Diese sind wichtig, um das Bewusstsein zu transformieren und zu befreien, und bilden die Basis für die Buddhaschaft. Jeden Tag erklärte unser Lehrer uns Stück für Stück die jeweiligen Schriften, die wir studierten. Anschließend zogen wir uns in unsere Zimmer zurück, um über das Gelernte nachzudenken und es auswendig zu lernen. Solche langen Texte auswendig zu lernen klingt vielleicht ein wenig einschüchternd, aber tatsächlich macht es Spaß. Auch denke ich, es ist schade, dass das Auswendiglernen in der westlichen Bildung inzwischen keine Rolle mehr spielt, denn es ist eigentlich ein wertvolles Werkzeug, um den Geist zu trainieren.

Manchmal unterrichte ich Dharma-Studenten, und die sind dann erschüttert:»Oh, mein Gott, ich kann mir das nicht alles merken!« Doch, jeder kann lernen, sich so viel zu merken. Zu denken, dass man es nicht kann, ist die größte Hürde!

Sein Gedächtnis kann jeder trainieren, und das Auswendiglernen ist besonders hilfreich, wenn man das Dharma lernen möchte, denn dann kann man die richtigen Punkte frei heraus zitieren und besser analysieren. Wenn man mit diesem Gedächtnistraining erst einmal begonnen hat, beginnt man auch, es wirklich zu genießen.

Das Analysieren und Auswendiglernen der Texte bildet auch die Basis für das Debattieren. Wir debattierten das Erlernte, um es besser verstehen zu können und dann letztendlich zu verinnerlichen.

Mir hat das Debattieren die Erkenntnis darüber gebracht, wie wenig ich in Wahrheit verstehe. Ich hatte dem Lehrer eine Stunde lang zugehört und dachte, ich hätte alles begriffen. Sobald wir allerdings das Erlernte debattierten, wurde mir klar, wie viele Lücken ich noch zu füllen hatte.

Und selbst wenn man etwas versteht – oder meint, es zu verstehen –, ist Skepsis ein hilfreicher Weg, tiefer zu gehen. Es ist wichtig, alles zu hinterfragen, selbst wenn es Buddha selbst oder der Dalai Lama so gesagt hat. Darin haben uns auch unsere Lehrer immer unterstützt. Die Parole hieß: Nimm nichts als gegeben hin, hinterfrage es stets. Untersuche es und schaue, ob es sich nicht im Widerspruch zu etwas anderem befindet. Das erst gibt dem, was du zuvor erlernt hast, eine tiefe innere Bedeutung. Das Debattieren und Untersuchen ist ein viel produktiverer Weg, sich Wissen anzueignen, als einfach nur in Seminaren zu sitzen und zuzuhören.

Das nächste Hauptthema, das wir studierten, war »Madhyamaka« (der Mittlere Weg). Bei diesem Thema ging es hauptsächlich um die »Leerheit« oder »Selbstlosigkeit« und die Erkenntnis der Tatsache, dass wir selbst und andere Dinge nicht so existieren, wie wir es wahrnehmen.

Während des Studiums der ersten beiden Themen studierten wir auch jedes Jahr für zwei Monate Dharmakirtis »Pramanavarttika« (Epistemologie und Logik). Nach dem Studium von Madhyamaka lernten wir Vasubhandus »Abhidharmakosha« (Phänomenologie) gefolgt vom Studium des »Vinaya« (ethisches Verhalten). Das vorherige Thema behandelt Kategorien der Existenz, die Wahrnehmung der existierenden Dinge, den Ursprung der Welt etc. und das letztere Thema die Gelübde und Regeln von Mönchen und Nonnen.

Unser Institut steht unter der Schirmherrschaft des Dalai Lama. Da Seine Heiligkeit buddhistische Bewegungen unterstützt, die schulübergreifend sind, haben wir als Teil des Studienplans des Instituts auch die anderen drei Traditionen des tibetischen Buddhismus studiert.

Es war sehr hilfreich zu sehen, wie unterschiedlich der Gebrauch des Vokabulars in diesen Traditionslinien ist. Was jedoch auf der rein sprachlichen Ebene zunächst anders zu sein scheint, hat letztendlich doch die gleiche Bedeutung.

Auch wenn der Umfang des Studiums der einzelnen Traditionen nicht gereicht hat, um ein umfassendes Verständnis zu erlangen, bewirkten diese Kurse doch, Hochachtung vor den unterschiedlichen Linien des Buddhismus zu entwickeln.

Siebzehn Jahre lang studierten wir die verschiedenen Themen und mussten am Ende jedes Jahres Tests und Examen ablegen. Im Anschluss an diese Jahre mussten wir noch eine Abschlussarbeit, eine fünfzigseitige Abhandlung in Tibetisch, verfassen. Wir konnten das Thema für diese Abhandlung selbst wählen.

Während meines Studiums sagten einige meiner Lehrer immer wieder: »Eines Tages wirst auch du eine Geshe sein.« Ich glaubte allerdings nicht wirklich daran, da Frauen bisher diesen Titel nicht bekommen konnten, und dachte, meine Lehrer wollten mich nur ermutigen.

Aber dann gab es plötzlich den gemeinsamen Beschluss des IBD und Seiner Heiligkeit dem Dalai Lama, den Titel offiziell zu vergeben. Das Ministerium für Kultur und Religion der Exilregierung hatte den Beschluss ebenfalls unterzeichnet.

Im Frühling 2011, etwa zwei Jahre nachdem ich meine letzten Prüfungen abgelegt hatte, erfuhr ich, dass meiner Klasse und mir der Geshe-Titel vom IBD verliehen werden würde, was zwei Wochen später geschah. Einige Monate später sagte dann der Dalai Lama während einer öffentlichen Unterweisung im Haupttempel, dass es nun auch für die Nonnenklöster an der Zeit sei, den Titel zu vergeben, und dass sie sich mit dem IBD zusammentun sollten, um dies in die Tat umzusetzen. Nicht lange danach stand es fest: Die ersten tibetischen Nonnen der verschiedenen Nonnenklöster im Exil in Indien und Nepal würden bald den Geshe-Titel erlangen.

Für mich persönlich war es eine große Ehre, den Geshe-Titel zu bekommen. Aber noch wichtiger ist es, dass ich das Studium machen konnte, da ich so viel gelernt habe und diese Studienzeit mein Leben sehr verändert hat.

Natürlich verdanke ich all das hauptsächlich dem Entgegenkommen und der Unterstützung meiner Lehrer sowie der Großzügigkeit des IBD.

Vor etwa zwei Jahren hat mir der Dalai Lama bei einer Audienz aufgetragen, das zweite Kapitel aus Dharmakirtis *Pramanavarttika* zu übersetzen, ein Meilenstein der buddhistischen Logik und Epistemologie. Daran arbeite ich zurzeit. Ich hoffe, dass ich damit dazu beitragen kann, die wertvollen buddhistischen Texte auch in Englisch verfügbar zu machen.

Meine Hoffnung ist auch, dass der tibetische Buddhismus weiterhin erhalten bleibt, ein außerordentlich großartiger Schatz, den die Tibeter zunächst mit hohem Aufwand und unter großen Opfern von Indien nach Tibet gebracht und dann für über tausend Jahre sorgfältig und gewissenhaft aufrechterhalten und bereichert haben.

Um den tibetischen Buddhismus weiterhin zu wahren, ist es jedoch unerlässlich, dass Tibet seine Freiheit wiedererlangt, da andernfalls die Gefahr besteht, dass diese bedeutsame und einzigartige spirituelle Tradition verloren geht.

KAPITEL 5

Volle Nonnenordination und Geschlechtergerechtigkeit und Kelsang Wangmo als erste weibliche Geshe – Paradigmenwechsel im Buddhismus?

Ein Gespräch mit Bhiksuni Jampa Tsedroen (Carola Roloff) über den Aufbruch der Frauen im modernen Buddhismus

AS: *Gab es für Sie einen Initialmoment, in dem Sie damit begannen, sich speziell für die Belange der Frauen im tibetischen Buddhismus einzusetzen?*

BJT: Ja, das war, als ich 1981 im Tibetischen Zentrum in Hamburg Nonnen-Novizin werden wollte und westlich-tibetisch-buddhistische Mönche mir davon abrieten. Sie meinten, das sei zu schwierig für Frauen. Nonnen würden nicht gut behandelt. Ich habe mich trotzdem dafür entschieden.

Mein tibetischer Lehrer sagte, Seine Heiligkeit der Dalai Lama setze sich dafür ein, dass auch Frauen im tibetischen Buddhismus, so wie ursprünglich von Buddha eingeführt, die volle Ordination, die höchste Weihe, erhalten können. 1982 hatte ich dann beim ersten Besuch des Dalai Lama in Hamburg die Gelegenheit, mit ihm persönlich darüber zu sprechen. Nie hätte ich geahnt, dass dieses Thema mich die nächsten mehr als dreißig Jahre meines Lebens so sehr beschäftigen würde. Ich ging schließlich 1985 nach Taiwan, um dort die volle Ordination zu nehmen, denn es zeichnete sich ab, dass es in der tibetischen Tradition so schnell nichts werden wird. Ich erinnere mich auch daran, dass ich ihm 1985, als mir der Dalai Lama sagte, ich könne die Ordination in Taiwan nehmen, sagte: »Ich möchte aber jetzt nichts machen, was in der Tradition als anstößig gesehen wird, und dadurch zum Außenseiter werden, lieber gehe ich nicht nach Taiwan.« Da lachte er und sagte: »Daran ist gar nichts anstößig, das kannst du problemlos machen. Es geht doch um die Befreiung, das ist eine ganz persönliche Entscheidung!«

Im Nachhinein betrachtet, war die zweite Begegnung mit Seiner Heiligkeit 1982 in Hamburg für meinen weiteren Weg sehr prägend. Zum ersten Mal begegnete ich ihm 1981 in Dharamsala. Doch jetzt in Hamburg 1982 war ich plötzlich diejenige, die zusammen mit einem anderen Vorstandsmitglied des Tibetischen Zentrums, Dr. Klaus Lange, hauptsächlich für die Organisation seines Besuchs zuständig war. Der Dalai Lama ist seit 1977 der Schirmherr des Tibetischen Zentrums, und bei seinem ersten Besuch sollte er hier im Audimax der Uni Hamburg seinen ersten öffentlichen Vortrag in Deutschland halten. Ich verbrachte jeden vollen Tag im Tibetischen Zentrum. Der Kollege, der die Veranstaltung mit mir organisierte, konnte nur sporadisch anwesend sein, weil er als Dozent für Statistik einen Vollzeitjob an der Uni hatte. Dadurch war ich diejenige, die die Arbeit hauptsächlich übernahm, zusammen mit dem dortigen Geshe Thubten Ngawang und seinem Übersetzer Christof Spitz.

Seine Heiligkeit der Dalai Lama wohnte damals im Hotel Atlantic, und als der Besuch so weit vorbereitet war, sagte mein tibetischer Lehrer Geshe Thubten Ngawang: »Wir haben eine Audienz bei Seiner Heiligkeit.« Das hat mich sehr überrascht. »Wie das denn, haben wir darum gebeten?«, fragte ich irritiert. »Nein«, sagte er, die haben von sich aus gesagt, sie fänden es gut, wenn wir dann zusammenkommen, weil du ja den Besuch organisiert hast, und jetzt haben wir halt diese Audienz.« Wenig später saßen wir draußen vor der Tür und warteten, dass unsere Zeit kommt, und plötzlich sagte mein Lehrer unvermittelt: »Du hast mich ja immer nach der Sache mit der vollen Ordination für die Nonnen gefragt. Wenn wir drinnen sind, frag das doch mal Seine Heiligkeit, denn ich kann die Frage nicht beantworten!«

Dieser tibetische Lehrer, Geshe Thubten Ngawang, war am 5. Mai 1979 nach Hamburg gekommen, und ich machte mehr als fünfzehn Jahre lang meine traditionelle Ausbildung bei ihm, hier in Hamburg. Ich lernte Tibetisch bei ihm, und gleichzeitig arbeitete ich als Nonne im Tibetischen Zentrum. Meine Ordination zur Noviz-Nonne war die erste Ordination, die er je in seinem Leben durchgeführt hat, und damals fragte er mich, ob ich nicht lieber zum Dalai Lama selbst nach Indien gehen wolle, denn es sei nicht üblich, dass man bei einfachen Geshes wie ihm die Ordination empfangen würde. Zu dem Zeitpunkt begann er, sich um die Frauen zu sorgen, weil er meinte, die seien nicht gleichgestellt und nicht vollordiniert, und ich habe doch etwas irritiert nachgefragt: »Wie? Nicht vollordiniert? Ist man jetzt ordiniert oder ist man nicht ordiniert?« Ist man Teil des Sangha, der Ordensgemeinschaft, oder nicht?

Er sagte: »Ja, du gehörst schon zum Sangha, aber die Mönche bekommen nach der Noviz-Ordination noch die volle Ordination, und das geht bei den Nonnen nicht.« Er wies mich darauf hin, dass ich im Jahr zuvor schon einmal in Indien gewesen sei und ihm erzählt hatte, dass es da die amerikanische Nonne Karma Lekshe Tsomo gebe. Die kenne sich damit aus. Am besten solle ich ihr schreiben und versuchen, herauszufinden, wie der aktuelle Stand sei.

Aus diesem Briefkontakt und den Bemühungen entstand 1987 tatsächlich die erste internationale Konferenz über buddhistische Nonnen in Bodhgaya in Indien. Das ist der wichtigste buddhistische Pilgerort, an dem der Buddha unter dem Bodhibaum seine Erleuchtung erlangte. Dort wurde am Ende der Konferenz die internationale buddhistische Frauenorganisation »Sakyadhita« gegründet. Die Konferenz wurde von Seiner Heiligkeit dem Dalai Lama persönlich eröffnet. Auf diese Weise wurde ich Gründungs- und Vorstandsmitglied von »Sakyadhita«.

Das war eine tolle Konferenz, auf der ich viele andere Frauen aus den verschiedensten Ländern kennenlernte, unter anderem auch die deutsche Nonne Ayya Khema. Sie war eigentlich für den Vorstand vorgesehen, doch sie schlug vor, dass ich, der »Nachwuchs«, das übernehmen solle.

Das alles hatte seinen Anfang im Hotel Atlantic genommen, mit der Audienz beim Dalai Lama. Den Stand der Forschung zur Nonnenordination deutete er mit seinen Fingern an: einen ungefähr fünf Zentimeter dicken Papierstapel. »So viel Forschungsmaterial haben wir schon«, sagte er, »am besten schreibst du einen Brief an mein Department für Religion und Kultur in Dharamsala. Bezieh dich auf mich und frag sie, wann das publiziert wird. Und wenn du es nicht so eilig hast, warte mal noch ein bisschen und geh noch nicht nach Taiwan. Und dann sprich mich nächstes Jahr wieder darauf an.«

Im Jahr darauf, 1983, war ich mit meinem Lehrer in Südindien in seinem Kloster Sera in Bylakuppe bei Mysore. In der »benachbarten« Flüchtlingssiedlung, in Mundgod nahe Hubli, etwa eine Tagesreise entfernt, fand gerade das Mönlam Chenmo, das jährliche große Gebetsfest, statt und damit verbunden das jährliche Geshe-Examen. Dieses Fest war gleichzeitig sein eigenes fünfundzwanzigjähriges Geshe-Jubiläum. Wir nahmen also an der Jubiläumsfeier teil, wieder war über meinen Lehrer eine Audienz bei Seiner Heiligkeit zustande gekommen. Er sagte, sie seien noch nicht weitergekommen und ich solle abermals in einem Jahr nachfragen. Ein Jahr später, 1984, war er in einer VIP-Lounge am Frankfurter Flughafen, und ich wurde angerufen mit der Bitte, meinen Lehrer zu begleiten und für ihn zu übersetzen, weil der Übersetzer meines Lehrers für Seine Heiligkeit den Dalai Lama übersetzte. So traf ich ihn erneut und hatte dort in der Lounge die Möglichkeit, mit ihm darüber zu sprechen. Und wieder wurde ich um ein weiteres Jahr vertröstet.

Ich hatte schon gehört, bei den Tibetern müsse man für wichtige Dinge immer dreimal fragen. Und so habe ich das nächste Mal 1985 bei der Kalachakra-Initiation in Rikon bei Zürich wieder nachgefragt. In Rikon leben viele Exiltibeter. Auch dort hatte ich eine Audienz, und ich sagte, ich hätte ihn ja bereits 1982, 1983 und 1984 gefragt, wie es inzwischen um die volle Ordination für Frauen bestellt sei, denn ich selbst wollte gern endlich diese volle Ordination nehmen.

Darauf antwortete er: »I think now is the time for you to go.« – »Jetzt ist die Zeit für dich zu gehen.« Und ich habe gefragt: »Wohin soll ich jetzt gehen? Nach Taiwan oder nach Hongkong?« Und er hat gesagt: »Das kannst du dir aussuchen, das ist egal, beides ist gut!«

AS: *Das bedeutet, er hat das sogar empfohlen?*

BJT: Ja, er hat das empfohlen, und mein Lehrer hat mir daraufhin geholfen, sodass Mitglieder aus dem Tibetischen Zentrum das Geld für meinen Flug sammelten. Damals habe ich aber gleich klargemacht, dass ich nur für die Ordination nach Taiwan gehe und dass ich meine Ausbildung als Nonne weiterhin im Tibetischen Zentrum in Hamburg machen

möchte; und so hielt ich mich sechs Wochen in Ch'an-Klöstern in Taiwan auf, machte das Dreißig-Tage-Training zur
Nonne mit und kam dann nach der Ordination wieder zurück
nach Hamburg.

AS: *Wenn die Ordination in Taiwan erfolgte, handelt es sich aber
doch um eine chinesische Linie des Buddhismus, oder?*
BJT: Ja, genau. Es gibt heute ja noch drei lebendige Vinaya-
Ordinationslinien: die tibetische Mulasarvastivada-Linie, die
chinesische beziehungsweise ostasiatische Dharmaguptaka-
Linie und die südasiatische Theravada-Linie. Das sind die drei
bis heute noch lebendigen Vinaya-Ordinationslinien. Es gab
ursprünglich viel mehr Vinayas, die sich nach dem Ableben
des Buddha entwickelten. Vinaya ist das Ordensrecht und das
Regelwerk, das das Leben als Nonne oder Mönch bestimmt
und zur Zeit des Buddha entstand. Nach seinem Tod entwickelten sich verschiedene Überlieferungen, die von den jeweiligen Schülern des Buddha ausgingen und die sich regional
und nach Sprachen immer mehr auffächerten. Es gab auf jeden Fall mindestens sechs, sieben verschiedene Vinaya-Textsammlungen, die uns bis heute, teils vollständig, teils fragmentarisch, als Manuskripte überliefert sind, aber in der Praxis
sind es nur noch drei Vinaya-Traditionen, und diese spiegeln
die drei Mainstream-Traditionen des Buddhismus weltweit
wider: Theravada ist der südasiatische Buddhismus. Dharmaguptaka ist die Ordensschule des ostasiatischen Buddhismus,
die von Indien über die Seidenstraße nach China wanderte
und sich von dort weiter nach Vietnam, Korea und früher
auch nach Japan verbreitete. In Japan ist der Vinaya allerdings

ausgestorben. Nur in diesen ostasiatischen Ländern (mit Ausnahme von Japan) gibt es bis heute noch die volle Ordination für buddhistische Nonnen, nur in diesen Ländern hat sie überlebt. Die Dritte im Bunde ist die tibetische Mulasarvastivada-Tradition, die ziemlich spät, erst im 7. und 8. Jahrhundert von Indien kommend, ihren Weg über den Himalaya nahm und nach Tibet wanderte. Wir wissen nicht genau, wann, aber spätestens im 11. oder 12. Jahrhundert starben die Mulasarvastivada-Nonnen in Indien und Nepal zusammen mit dem Buddhismus insgesamt aus, und so wie es jetzt in den Geschichtsbüchern steht, überlieferte sich die Nonnentradition gar nicht erst nach Tibet, sondern nur deren schriftliche Tradition. Also die Texte über die Nonnenordination, ihre Rituale und exakten Regeln wurden überliefert, aber nicht die Praxis.

Es gab zwar Versuche, dort die volle Ordination für Nonnen wiederzubeleben, indem man Frauen nur durch Mönche ordinierte, aber nach einem großen Rechtsstreit verschwanden die Nonnen aus der Geschichtsschreibung. Die Forschung zur buddhistischen Nonnenordination im tibetischen Kanon, ihre Darstellung in den tibetischen Kommentaren und die Möglichkeiten zur Erneuerung des Nonnenordens im tibetischen Buddhismus war lange Zeit eins meiner Hauptforschungsgebiete, das die Deutsche Forschungsgemeinschaft, DFG, vor allem von 2010 bis 2013, aber auch darüber hinaus bis 2017, gefördert hat.

Dabei zeigte sich, dass es sogar im Sinne der alten Texte war, dass in Tibet Mönche die Ordination der Nonnen übernahmen. Ich habe dazu auch publiziert. Es steht in den alten Texten, dass, wenn keine Nonnen zur Verfügung stehen, es den Mönchen erlaubt ist, die Ordination zu geben. Darüber gab es zwischen dem 15. und 17. Jahrhundert einen regelrechten Rechtsstreit in Tibet, aber spätestens mit dem 5. Dalai Lama war diese Debatte beendet. Und zu diesem Zeitpunkt, das stellen wir fest, verschwinden die Nonnen plötzlich aus der Geschichtsschreibung. Vorher findet man sie hier und da erwähnt. Auf Tibetisch heißt eine vollordinierte Nonne »Gelongma«, auf Sanskrit »Bhiksuni« (sprich: Bhikschuni).

Ich denke, alles hängt damit zusammen, dass zur Zeit des 5. Dalai Lama (1617–1682) in Tibet eine große Zentralisierung stattfand. Zu dieser Zeit gingen viele kleine Schulen regelrecht verloren, die Mainstream-Traditionen und ihr politischer Einfluss setzten sich durch, und die »kleinen« Richtungen verschwanden. Die Frauen müssen davon ebenfalls betroffen gewesen sein. Der tibetische Buddhismus wurde dadurch sehr viel patriarchaler als in seinen Anfängen. Es gibt Erzählungen darüber, dass es auch in Tibet gelehrte Novizinnen und vollordinierte Nonnen gab. Gerade in der Gelugpa-Tradition wird erzählt, dass es Novizinnen gab, die mit Mönchen debattierten, und dass die Mönche ihnen unterlegen waren. Es heißt, danach sei es zu einem Debattierverbot für Nonnen gekommen. So erzählt man sich unter tibetischen Mönchsgelehrten. Ein Text darüber ist mir aber nicht bekannt. Ob das nur eine Geschichte ist oder historisch verbürgt, dafür gibt es keine Belege, dieses Wissen stammt aus der mündlichen Erzähltradition. Man muss allerdings sagen, dass die mündliche Überlieferung in Tibet ein großes Gewicht hat, sie wird dort weniger infrage gestellt als in anderen Kulturen. Es war also eine absolute Neuerung in dieser Tradition, als Kelsang Wangmo erstmals in der Geschichte des tibetischen Buddhismus plötzlich der Geshe-Titel verliehen wurde.

AS: *Der ersten Frau, die am Institute of Buddhist Dialectics studierte?*

BJT: Jein, es gab eine interessante Parallelgeschichte. Karma Lekshe Tsomo, die amerikanische Nonne, die ich bereits erwähnte, studierte damals an derselben Schule wie Kelsang Wangmo. Sie wurde aber eines Tages von einer Schlange gebissen und hätte dadurch fast ihren Arm verloren. Sie musste schließlich ausgeflogen werden in die USA, um dort operiert zu werden, denn in Neu-Delhi wollten sie ihr den Arm amputieren. Ihre Behandlung hat viele Jahre gedauert, weil sie mehrere Hauttransplantationen bekam, bis sie ihren Arm überhaupt wieder benutzen konnte, sodass sie darüber ihr Studium in Dharamsala abbrechen musste. Sie war schon weit fortgeschritten. Sie stammt gebürtig aus Hawaii und hat dann dort ihren PhD gemacht. Heute hat sie eine Professur für Buddhismus an der Universität von San Diego inne. Sie konnte ihren Weg also in den USA weitergehen. Kurz bevor sie Indien verließ, hatte sie ein Grundstück für ein Nonnenkloster nahe Dharamsala gekauft. Ich meine mich zu erinnern, dass Kelsang Wangmo mit Nonnen dieses Klosters zusammen studierte. Sie haben in Dharamsala, nahe McLeod Ganj, ein kleines Waldkloster, und heute, ein bisschen weiter abgelegen, befindet sich dort nun auch dieses größere Kloster Jamyang Choeling. Dort baute Karma Lekshe Tsomo ein Curriculum auf, nach dem die Novizinnen dort studieren.

AS: *Beißt man sich als Feministin eigentlich manchmal die Zähne aus an diesem traditionellen Leben?*

BJT: Ja, ich bin tatsächlich eine Feministin, aber ich war vorher keine, sondern wurde es erst durch diese ganze Ordinationsgeschichte! Ich war früher auf einem Mädchengymnasium, wo wir eine Direktorin hatten, meine Mutter war recht emanzipiert, ich war in der evangelischen Kirche, und da gab es eine Pastorin. So kam ich gar nicht erst auf die Idee, dass Unterschiede zwischen Männern und Frauen fortbestehen, schon gar nicht im Buddhismus. Auch das, was der Geshe damals sagte, hörte sich an, als sei die Linie ja historisch für die Frauen abgebrochen, und dass man das wieder aufbauen könne. So war ich damals ganz zuversichtlich, dass das schon noch passiert. Dann aber merkte ich im Laufe der Jahre an vielen Kleinigkeiten, dass dem nicht so war.

Ich stelle mir vor, dass Kelsang Wangmo das in Indien viel stärker gespürt haben muss als ich hier in Hamburg. In unserem Zentrum sahen die Hierarchien so aus: Da wurde ein Mönch neu ordiniert, und dann hieß es plötzlich: »Ach, jetzt musst du nicht mehr die Trommel spielen, gib die mal an den neuen Mönch ab. Das übernimmt der Mönch, schließlich sollen Pujas hauptsächlich von Mönchen geleitet werden.« Ich durfte zudem an dem einen oder anderen Unterricht nicht teilnehmen, musste hinter den Mönchen gehen. Sie gingen bei Zeremonien voran, immer erst die Mönche und dahinter die Nonnen. Es waren die kleinen Dinge, die mir in ihrer Summe aufstießen, weil ich das nicht nachvollziehen konnte, es widersprach dem grundlegenden Senioritätsprinzip, das der Buddha etabliert hatte, sprich: Wer ist am längsten dabei, also Dienstälteste oder Dienstältester. Doch im Verhältnis zwischen Männern und Frauen wurde mit diesem Prinzip durch eine Hierarchisierung aufgrund des Geschlechts gebrochen.

Zu Beginn meiner Ordenszugehörigkeit lernte ich eine westliche Nonne kennen, die gerade freiwillig aus einem Kloster in der Schweiz, das ich besuchte, ausgeschieden war, weil sie die Ungleichbehandlung bei uns im Westen und die damit verbundenen Demütigungen nicht mehr länger ertragen konnte. Diese Zurücksetzungen in dem westlichen Mönchskloster geschahen jedes Mal, wenn neue Mönche kamen und sie wieder einen Platz nach unten und damit weiter vom Abt wegrückte. Je mehr neue Mönche kamen, desto öfter musste sie in der Hierarchie weiter unten sitzen. Auch hatte sie anders als die Mönche keine finanzielle Unterstützung. Sie arbeitete neben ihrem Studium halbtags im Büro. Die Mönche hatten Sponsoren, sie als Einzige hatte keinen Sponsor. Es wurde bei einer Vorstandssitzung von vorwiegend Mitgliedern aus der Schweiz, die für die Verwaltung dieses Klosters zuständig waren, besprochen, ob man nicht auch für diese Nonne einen Sponsor finden könne. Und dann hat – so wurde es mir berichtet – einer der Laien in der Runde gelacht und gesagt: »Ich dachte, die Nonnen sind zum Kühehüten da!« Das muss bei ihr das Fass zum Überlaufen gebracht haben, daraufhin ist sie ausgetreten. Durch die Dinge, die ich in diesem Kontext hörte, wurde ich sensibilisiert.

Dieses Gebetsfest, von dem ich anfangs erzählte, 1983 in Mundgod, ist auch ein gutes Beispiel: Damals begleitete ich meinen Lehrer, der drei Monate sein Kloster in Südindien besuchte, und so fuhr ich mit ihm und tausend weiteren Mönchen dort hin. Ich hatte mich bereits darauf gefreut, vierzehn Tage lang die vielen buddhistischen Texte zu rezitieren, ich hatte schon viele Texte auswendig gelernt, aber plötzlich sagte er zu mir: »Nein, du kannst nicht mit uns da sitzen, du kannst außen herumlaufen und zusammen mit anderen Nonnen und den Laien dort deine Mantras sagen, aber zu den Mönchen setzen sich die Nonnen nicht, das ist gegen die Tradition!« Da fing ich an zu weinen, weil mich das vollkommen entsetzte und enttäuschte, ich hatte das vorher nicht gewusst. Für meinen Lehrer aber war es so selbstverständlich, dass er es nicht eigens erwähnt hatte.

Es tat ihm jedoch so leid, dass ich weinte, dass er sich mit den anderen Mönchen beriet und sagte, da ist noch eine andere Nonne aus Dharamsala, die auch aus Deutschland kommt, Ursula Sollmann. »Jetzt geh mal mit der zusammen zu dem Disziplinar und frag, ob es nicht doch eine Versammlung speziell für Nonnen gibt.« Als wir vor dem Disziplinar standen, allein seine Mimik (*sie lacht schallend*) war unglaublich. Es war deutlich, dass er sich das überhaupt nicht vorstellen konnte, und andererseits meinte er etwas steif und unwillig: »Seine Heiligkeit hat gesagt, dass es das geben soll.« Mit anderen Worten, es war ihm nicht recht, aber er konnte es auch nicht verbieten. Wir waren ganz glücklich und kamen danach zu meinem Lehrer, dem Geshe, zurück. Der wiederum fragte: »Und? Was hat er euch gesagt, wo dürft ihr sitzen?« Das wussten wir allerdings nicht, also mussten wir abermals zum Disziplinar gehen. Und schließlich hat der Disziplinar uns hinter die kleinen Mönchskinder gesetzt, die größtenteils noch gar nicht ordiniert waren, auch wenn sie die Robe trugen. Sie waren noch Anwärter, Postulanten. Dabei ist es in der Tradition so, dass die mit Gelübde weiter vorne sitzen, und wir hatten beide schon unser Noviz-Gelübde abgelegt.

Wir saßen also hinter ihnen, in der prallen Sonne, weil genau über ihrer Reihe vor uns das Zeltdach endete. Wir haben es die gesamte vierzehntägige Konferenz lang tapfer dort ausgehalten. Und der Disziplinar kam immer wieder prüfend vorbei und achtete penibel darauf, dass wir genauso viel Tsampa (geröstetes Gerstenmehl) wie die anderen bekamen und auch Buttertee, oder wenn es kleine Geldgeschenke gab, dass wir genauso viel bekamen wie die Mönche. Wir hatten nur an die Gebete gedacht und wollten nicht materiell daran teilhaben.

Doch dann versuchten wir, gezielt tibetische Nonnen, die um uns herumliefen, zu motivieren, sich zu uns zu setzen. Die meisten der Nonnen, die dort umhergingen, waren aber schon sehr alt. Sie trauten sich das nicht. Schließlich kam eine kleinere Gruppe jüngerer Nonnen aus Nepal, vom Keydong Thukchoe Choeling Kloster nahe dem Swayambhunath Temple in Kathmandu, vorbei. Diese fragten wir auch und berichteten ihnen, dass die Anwesenheit der Nonnen offiziell vom Disziplinar genehmigt sei, dass sie dort alles bekämen, was die Mönche erhielten, also genauso viel Buttertee und Tsampa, und so setzten sie sich zu uns. Unser Glück war, dass sie ihre Vorsängerin (Umdze) dabeihatten, die in ihrem Kloster immer vorbetete. Sie hat trotz der ganzen Kinder, die vor uns herumalberten, heraushören können, was genau gerade rezitiert wird, und uns in den Gebetbüchern gezeigt, wo wir gerade sind. Das Treffen dauerte vierzehn Tage lang, und als die anderen Nonnen mitbekamen, dass wir und die tibetischen

Nonnen aus Nepal um uns herum an allem beteiligt wurden, was die Mönche bekamen, setzten sich nach und nach immer mehr Nonnen zu uns, denn sie waren so arm, dass sie auf diese Speisen angewiesen waren, die wir an unserem Platz selbstverständlich bekamen. Am Ende waren wir siebzig Nonnen, die dort versammelt saßen.

Dies war wohl das erste Mal in der Geschichte Tibets, dass bei einem großen Gebetsfest Frauen, also Nonnen, dort mit sitzen durften. Die jungen Nonnen heute empfinden das als selbstverständlich, denn sie haben das alles nicht mehr mitbekommen, aber damals, 1983, war es ein großer Durchbruch. Es waren harte Anfänge.

AS: *Und dann gibt es noch ein Frauenkloster in Südindien, um das Sie sich speziell kümmerten und in dem es erste Erfolge für die Ausbildung gibt?*

BJT: Ja, als ich 1987 zur ersten »Sakyadhita«-Konferenz in Indien war, leitete ich bereits seit vier Jahren die Flüchtlingshilfe im Tibetischen Zentrum. Es fiel auf, dass wir in Hamburg in unserem Zentrum zwar aktiv viele Patenschaften für Mönche übernommen hatten, aber nicht für Nonnen. Unser Vorstand wollte gern auch etwas für Frauen, also speziell für Nonnen, tun. Wir wussten nur nicht, wo in Indien sich Frauen befanden, denen wir am besten helfen konnten. Im Anschluss an die Konferenz hatten wir eine Audienz beim Dalai Lama, und danach fragte ich den damaligen Sekretär Seiner Heiligkeit, Tenzin Geyche Tethong, wo wir helfen können. Er sagte mir, er könne Seine Heiligkeit gern noch einmal fragen, sei sich aber auch so sicher, was er antworten werde, denn er wäre gerade erst in der tibetischen Flüchtlingssiedlung nahe Mundgod gewesen und habe dort einen kleinen Tempel für Nonnen eingeweiht und bei dieser Gelegenheit gesagt, dass sie doch zwei Geshes einstellen sollten, die die Nonnen in tibetisch-buddhistischer Philosophie unterrichten. Natürlich bot es sich da an, in dem Kontext nicht nur mit Patenschaften für die Lehrer, sondern auch für die Nonnen direkt zu helfen.

Und weil ich sowieso nach Südindien wollte, bat er mich, dort vorbeizufahren und mir das einmal selbst anzuschauen. Ich hatte eine Reise ins Kloster Sera nach Bylakuppe geplant und kannte Mundgod bereits durch das Gebetsfest 1983. Einige Mönche aus Sera begleiteten mich, wir fuhren gemeinsam nach Mundgod, und ich sah mir dieses Nonnenkloster an. Als wir ankamen, saßen dort nur zwei alte Nonnen und beteten. Ich hatte nicht die geringste Ahnung, wer dort überhaupt unterrichtet werden sollte. Darauf angesprochen, lachten sie und sagten, das sei kein Problem, sie hätten dreiundzwanzig kleine Nonnen, die noch zur Schule gingen, und die könnten sie zusammenrufen, sie würden bei ihren Familien über die Flüchtlingscamps in der Nähe verstreut wohnen. Das ginge ganz schnell, und dann könnte ich sie treffen.

AS: *Waren damit Nonnen aus der Community der geflüchteten Tibeter gemeint, aus den Flüchtlingscamps dort in Südindien?*

BJT: Ja, genau. Es waren Töchter aus den Flüchtlingsfamilien, die in Südindien geboren wurden. Sie besuchten damals tagsüber in indischen Schuluniformen die staatlichen Schulen. Ich war besorgt, dass die Nonnen sie nun für das Buddhismus-Studium aus der Schule herausnähmen. Die alten Nonnen versprachen aber gleich, dass sie das nicht tun würden. Sie schickten sie weiter morgens in ihren Schuluniformen zur Schule, und nachmittags im Kloster trugen die Mädchen dann ihre Robe. Für die alten Nonnen dort schien das ganz normal zu sein. Ich organisierte Patenschaften für zwei Lehrer, die schließlich für die Unterweisung dieser kleinen Novizinnen eingestellt wurden. Den ersten Scheck schickten wir im Oktober 1987. Diesem ersten Schritt folgten weitere organisatorische Herausforderungen, denn nun sollten die Novizinnen natürlich auch im Kloster wohnen, aber es gab nur alte, zerfallene Häuser eines früheren Altersheims. Ich war mit Irmtraut Wäger, der Präsidentin der Deutschen Tibethilfe, befreundet. Sie war bereits sehr aktiv in der Gegend und 1986 dort am Bau des Tempels beteiligt gewesen. Eigentlich sollte es eine Gebetshalle für die Noviz-Nonnen im benachbarten Altersheim werden. Wir haben uns aber koordiniert und dafür gesorgt, dass die jungen Novizinnen schließlich auch dort wohnen konnten.

Bei meinem nächsten Besuch, den ich 1989 zusammen mit meinem Lehrer machte, trafen wir die beiden von uns eingestellten Lehrer, die Geshes, und konnten Details besprechen. Die jungen Nonnen hatten bereits 1988 mit dem Geshe-Studium begonnen. Gemeinsam sahen wir uns das zunächst auf fünfzehn Studienjahre ausgerichtete Curriculum noch einmal genauer an (später wurde es auf siebzehn Jahre erweitert). Im Gegenzug wollte das Kloster von uns davon unterrichtet werden, welche Vorstellungen wir als Sponsoren dieses Ortes hatten. Das war zu Beginn des Studiums nicht schwer, denn der Anfang ist überall gleich. Nachdem wir das gemeinsam mit den Nonnen und den neuen Lehrern diskutiert hatten, beschlossen wir, dass wir nach Dharamsala fahren und dort im Department of Religion and Culture fragen, ob man dort auch damit einverstanden sei und welchen Abschluss die Nonnen bekommen.

Schon damals sagte ich, dass ich mir für die jungen Nonnen wünschte, sie mögen einen Geshe-Titel erhalten, woraufhin mir beschieden wurde: »Darüber solltest du jetzt aber nicht so viel reden, denn das nimmt sowieso keiner ernst – Frauen und ein Geshe-Titel! Es ist fraglich, ob sie das schaffen. Je nachdem, wie viel sie studiert haben, erhalten sie irgendwann einen Abschluss, aber welcher das sein wird, das können wir heute noch nicht sagen.«

AS: *Wie lange liegt das zurück?*

BJT: Das war 1989. Parallel dazu hatte sich in Hamburg etwas Neues rund um das Tibetische Zentrum entwickelt. Ein Mitglied, eine feministische Hamburger Kauffrau, Gabriele Küstermann, hatte die Studienstiftung für Tibetischen Buddhismus errichtet. Sie unterstützte mich bei allen Aktivitäten rund um das Thema Frauen im Buddhismus.

Wir haben uns dafür eingesetzt, dass die Nonnen nicht nur ab 1989 regelmäßig Prüfungen ablegen, sondern ab 1995 auch ebenso wie die Mönche die jährliche Winterdebatte »Jang Günchö« abhalten können. Schon im alten Tibet haben Mönche verschiedener Klosteruniversitäten einmal im Jahr eine Art Debattier-»Wettkampf« miteinander ausgetragen. Nun wollten wir das auch für die Nonnen einführen. Aus Südindien kam als erste Reaktion: »Gute Idee, aber wir können sie hier nicht mit den Mönchen mischen, und es gibt hier nur das eine Nonnenkloster.«

So entstand die Idee, dass die Nonnen von Jangchub Choeling Nonnen in Dharamsala (Jamyang Choeling und Tibetan Nuns Project) für einen Monat zu Debatten herausfordern. Dadurch entstanden anders als bei den Mönchen höhere Reisekosten. Wir sagten sofort zu, die erste Debatte zu fördern. Für diese erste Debatte spendete die Studienstiftung für Tibetischen Buddhismus fünftausend Deutsche Mark an das Department of Religion and Culture in Dharamsala. Die erste gemeinsame Winterdebatte fand dann im Oktober 1995 dort statt. Sie war ein wichtiger Meilenstein auf dem Weg zur Prüfung der ersten tibetischen weiblichen Geshes.

Ein Jahr zuvor waren die Nonnenklöster in Dharamsala allerdings noch nicht dazu in der Lage gewesen, ihre Schwestern zur Winterdebatte nach Südindien zu schicken. So fand die erste Winterdebatte 1994 zunächst im Kleinen im Jangchub Choeling Kloster in Mundgod statt. Aus Dharamsala hieß es: »Wir sind noch nicht so weit, wir können noch keine Nonnen schicken.« Daraufhin debattierten die Nonnen in Mundgod im ersten Jahr allein.

AS: *Das bedeutet, die Frauen verschiedener Klöster haben dann ab dem Jahr danach miteinander debattiert?*

BJT: Ja, genau. Sie sind sozusagen gegeneinander angetreten. Nachts legten sie sich Strategien zurecht: Wenn sie so antworten, fragen wir als Nächstes dies. Und wenn sie das antworten, fragen wir als Nächstes jenes. Es geht nicht nur um die Erlangung von Weisheit, sondern auch darum, möglichst gut abzuschneiden. Diese Winterdebatte wurde damals zum Forum für die spätere Geshe-Prüfung. Zunächst trafen sie sich immer nur einmal im Jahr zu dieser Winterdebatte. Die Prüfungen zum Geshe fanden dann über vier Jahre ebenso im Kreis derjenigen Nonnen und Klöster statt, die früher auch an den Winterdebatten teilgenommen hatten.

Bei einem Besuch in Dharamsala 1995/96 erfuhr ich, dass Seine Heiligkeit auch Geden Choeling, das erste Nonnenkloster, das dort 1975 gegründet worden war, angewiesen hatte, ebenfalls eine solche Schulung zu durchlaufen. Ich bedankte mich bei Geshe Lobsang Gyatso, dem früheren Direktor der Buddhist School of Dialectics, für diese großartige Möglichkeit und dafür, dass er ihnen Unterricht erteilte.

Seine Antwort lautete: »Ich weiß gar nicht, ob ich das so weitermache.« Und es stellte sich heraus, dass Seine Heiligkeit zwar gesagt hatte, dass sie zwanzig Nonnen schicken sollten, aber die Teilnehmerinnen aus den Nonnenklöstern waren jedes Mal andere. Je nachdem, was an Arbeit im Kloster anfiel, wurden mal diese, mal jene geschickt.

AS: *Bedeutet das, im Kloster war gar nicht klar, um was es geht?*

BJT: Genau. Insbesondere einige der älteren Nonnen wollten nicht einsehen, dass junge Nonnen studieren, denn deren eigentliche Aufgabe bestand darin, immer wieder über mehrere Tage hunderttausend Tara-Lobpreisungen zu rezitieren. Je kleiner die Gruppe, desto länger dauert es. Die Spenden dafür waren das Haupteinkommen für ihr Kloster. Das wollten die älteren Nonnen nicht gefährden, und dafür brauchten sie eine ganz bestimmte Anzahl von Nonnen, sprich: Das Studium störte letztlich ihren Klosterablauf.

In dieser Situation kam die Schwägerin des Dalai Lama, Rinchen Khando Choegyal, die 1984 die tibetische Frauenorganisation und 1987 das Tibetan Nuns Project gründete. 1993 konnte dank ihrer Hilfe das Dolma Ling Institute gegründet werden, und 1994 wurde sie Erziehungsministerin der tibetischen Regierung im Exil. Sie hatte die Idee, dieses neue Studieninstitut und Kloster Dolma Ling nur für junge Nonnen zu eröffnen, ähnlich wie wir es auch in Südindien umgesetzt haben: ein Kloster, in dem es nur junge Nonnen gibt, damit die älteren sie nicht davon abhalten, dieses Studium zu absolvieren. Für den Aufbau des Dolma Ling Institutes erhielt sie damals von der Heinrich-Böll-Stiftung Fördergelder in Höhe von achthundertvierzigtausend Mark.

So machten die Studien der Nonnen zunehmend Fortschritte, nach und nach kamen weitere Klöster hinzu, zum Beispiel 2001 Khachoe Ghakyil Ling, das Kopan-Kloster für Frauen in Kathmandu. Auch dort wurden Nonnen ausgebildet und immer mehr von ihnen von da an zur jährlichen Debatte geschickt. Es wurden immer mehr Klöster. 2016 waren neun Klöster beteiligt.

Bei den Mönchen war das längst so üblich, seit Jahrhunderten: Das Studium endet normalerweise mit der Verleihung des Geshe-Titels, und 2002/2003 kamen auch die Nonnen in Südindien mit einiger Verzögerung an den Punkt, an dem sie eigentlich das volle Vinaya-Studium hätten aufnehmen und danach die Prüfungen zum Titel des Geshe hätten ablegen können, aber diesen Titel erhielten sie vorerst nicht, weil sie Frauen waren. Als Noviz-Nonnen durften sie nicht den vollen Vinaya studieren, und damit hatten sie nicht das vollständige

Curriculum eines Geshe absolviert. Ihnen wurde stattdessen ein anderer Titel verliehen. Das führte zu Enttäuschungen, denn Seine Heiligkeit der Dalai Lama hatte bei seinen Besuchen im Kloster wiederholt versprochen, dass sie den Titel einer Geshema erhalten werden.

Doch es kam Widerstand seitens einiger Mönche, den Nonnen diesen Titel zu verleihen. Im November 2011 gab es eine Entscheidung vom höchsten Gremium der Lamas und Geshes in Dharamsala, die lautete:»Um den Rang eines Geshes zu erlangen, muss auch das *Vinayasutra* studiert werden. Solange die Nonnen nicht diesen Haupt-Vinayatext studiert haben, gibt es keinen Weg, ihnen den Rang eines Geshe zu verleihen. Sie sollten daher den Titel einer Rabjamma verliehen bekommen.«

Mit anderen Worten: Wenn die Nonnen nicht die volle Ordination haben, sollten sie auch nicht den Geshe-Titel erhalten. Das war nur wenige Monate, nachdem Geshe Kelsang Wangmo vom IBD als erste Frau den Titel eines Rime-Geshe erhalten hatte. Im Mai 2012 meldete die exiltibetische Nachrichtenagentur Phayul, dass »nach Jahren der Debatte und sorgfältiger Überlegungen nun endlich auch tibetisch-buddhistische Nonnen den Rang eines Geshe erlangen können«. Die Agentur berief sich auf offizielle tibetische Regierungsstellen in Indien.

Ich schrieb an das Tibetan Nuns Project: »Herzlichen Glückwunsch, das ist ja großartig.« Die Antwort fiel in etwa so aus:»Ach, das wurde bekannt gegeben? Das wussten wir gar nicht.« Erst hinterher erfuhren wir, dass der neue Minister für Kultur und Religion dies direkt öffentlich gemacht hatte. Nun war es also offiziell, und hinter diesem Punkt konnte von da an niemand mehr zurückweichen.

Kelsang Wangmo war die einzige Frau unter all den Männern, die damals nicht nur ihr Studium abschloss, sondern auch den Titel erhielt. Es war sehr überraschend, dass die Verleihung des Geshe-Titels an die erste Nonne in der Geschichte des tibetischen Buddhismus nicht eine Tibeterin traf, sondern eine westliche Nonne. Manche Tibeter mögen in diesem Moment irritiert gewesen sein. Sie wussten allerdings auch alle, dass diese deutschstämmige Nonne ziemlich gut ist. Kelsang Wangmo schloss ihre Prüfungen mit exzellenten Noten ab, aber dass das jetzt eine Westlerin ist und keine Tibeterin, war eine große Überraschung, einige hat das sicher auch gefuchst.

AS: *Wäre es für eine Tibeterin schwerer gewesen, diesen Schritt zu gehen?*

BJT: Das ist durchaus möglich, aber ich denke, dass am IBD in Dharamsala noch etwas anderes entscheidend war. Kelsang Wangmo studierte dort eine bestimmte Richtung, und so war ihr Abschluss der eines Rime-Geshe; und den hat es vorher in der Geschichte noch nicht gegeben. Das heißt, die Entscheidungshoheit darüber lag nicht bei dem Gelugpa-Gremium, weil das ein vollkommen neuer Titel war. Seine Heiligkeit schlug für die tibetischen Nonnen und die Nonnen aus den Himalaya-Gebieten vor, dass sie keinen Geshe-Titel erhalten, sondern den Titel einer Geshema, er kreierte also eine neue weibliche Form. Ein Noviz-Mönch heißt »Getsül«, die Noviz-Nonne »Getsülma«; ein vollordinierter Mönch heißt »Gelong«, eine vollordinierte Nonne »Gelongma«; und nun sagte er, das weibliche Pendant zu einem »Geshe« ist zukünftig »Geshema«. Also weder den Rime-Geshe-Titel, den Geshe Kelsang Wangmo hat, noch den neuen Geshema-Titel, den die einheimischen Nonnen jetzt bekommen, gab es vorher, über diese Geshe-Titel ist nichts niedergeschrieben, und so blieb auch den Gegnern nichts anderes übrig, als ihn zu akzeptieren. Die Mönche hatten darüber nicht zu entscheiden. Ich denke, dass dies ein sehr geschickter Schachzug war, den massiven Widerständen, die es seitens der Mönchs-Community gibt, auf diese Weise zu begegnen.

AS: *Für westliche Ohren klingt das dennoch nach Hierarchien.*

BJT: Durchaus. Die gibt es, das ist unstrittig. Und Frauen haben in den bestehenden Hierarchien noch keinen Platz. Der muss erst noch errungen oder geschaffen werden. Hier ist Empowerment gefragt. Oft werden Frauen schlicht vergessen. Zum Beispiel fand 2005 in Zürich die erste Konferenz des tibetischen Buddhismus in Europa statt. In letzter Minute erhielt ich eine Einladung vom Büro des Dalai Lama, dort als Keynote-Sprecherin zu fungieren. Ich sagte zu und saß plötzlich mit all den prominenten Lamas auf der Bühne, um eine Keynote-Rede zu halten. Hauptredner der Konferenz war Seine Heiligkeit der Dalai Lama. Er sah mich auf der Bühne sitzen und schmunzelte. Er kennt mich natürlich, weil ich drei seiner Besuche organisiert habe, in einer Zeit, als das noch nicht so üblich war (1982, 1991, 1998). Außerdem hatte ich wegen des Geshe-Titels und der Nonnenordination immer wieder Audienzen erbeten, um zu fragen, wie wir denn jetzt weiter vorgehen sollten.

Während der Konferenz sprach plötzlich der tibetische Moderator das Problem des Geshe-Titels und der vollen Ordination der Nonnen auf der Bühne an. Auch er ist ein Geshe, einer der wenigen, die schon sehr früh recht gut englisch sprachen. Ich kannte ihn bereits seit 1983. Er brachte zu meiner Überraschung von sich aus das Thema auf. Davon stand nichts im Programm. Deshalb hatte ich das Thema aus meiner Rede extra weggelassen. Während ich dort saß, sagte er sinngemäß, es überrasche ja schon, dass wir einerseits im Westen die Gleichstellung von Mann und Frau einforderten, aber die »Schieflage« in unseren westlichen buddhistischen Zentren stillschweigend hingenommen werde. Schließlich gebe es für die Frauen noch immer keine vergleichbare Ausbildung, und sie, die Tibeter, hätten eigentlich erwartet, dass, wenn dieses Thema den Westen erreiche, auch in den buddhistischen Zentren Stimmen laut würden und diese sich dafür einsetzen würden, aber von dort komme gar nichts!

Also hatten auch sie gespürt, dass in den buddhistischen Communitys im Westen regelrechte Rückschritte zu verzeichnen sind, wenn es um die Gleichstellung der Frau geht. Die Zentren haben fast alle männliche Leiter und vorwiegend männliche Lehrer. In der Öffentlichkeit wird das von den Buddhisten Europas nicht sehr hinterfragt, wohl aber in internationalen Publikationen zum Buddhismus.

Es sind meist nur die kulturell und politisch Tätigen in der Community selbst, die das ansprechen. Es ist deutlich, dass sich da etwas bewegen muss. In Sachen Führungspositionen für Frauen in den Religionen bewegt sich nicht nur in Indien nichts, sondern auch im Westen herrscht eine Art

Blindheit dem Problem gegenüber und nahezu vollkommener Stillstand.

Führungspositionen bedeutet auch, dass Frauen Lehrer werden können; und so zeigte Seine Heiligkeit damals zu meiner Überraschung auf seiner ersten Europa-Konferenz plötzlich auf mich und sagte laut: »Vor einiger Zeit dachten auch einige tibetische Nonnen in Indien darüber nach, diese Arbeit zu übernehmen. Das ist gut so. Auch wenn ich das bevorzugen würde, liegt es an den westlichen Nonnen, den Weg vorauszugehen, dann ist der Effekt größer. Zum Beispiel wäre es für die Tibeterinnen viel schwieriger, ein Visum für Sri Lanka, Burma oder Thailand zu bekommen. Für euch Ausländerinnen ist das einfacher. Eine Einzige sollte dafür verantwortlich sein und zu den unterschiedlichsten Plätzen gehen, um die Vorhut zu bilden, um weitere Recherchen zu betreiben. Während dieser Zeit müssen die älteren Mönche lernen umzudenken.«

Ich erinnere mich, dass, als ich damals die Versammlung verließ, eine Tibeterin aus den Niederlanden und andere, die mit ihr zusammenstanden, mir anerkennend auf die Schulter schlugen und sagten: »Na, da hast du ja jetzt wieder eine neue Aufgabe! Wenn du Hilfe brauchst, sag Bescheid!«

Ich bekam ein wenig Panik, denn ich hatte in dieser Zeit gerade ein Stipendium zum Abschluss meiner Doktorarbeit erhalten und wollte nicht schon wieder in den organisatorischen Bereich hinein. Deshalb telefonierte ich im Anschluss noch einmal mit dem Büro des Dalai Lama, aber dort beruhigten sie mich und sagten: »Du musst das ja nicht alles allein machen, gründe ein Komitee, aber mach es bald, der Geldtransfer soll noch in diesem Jahr passieren.«

AS: *Ist das das berühmte Komitee, das prüfen sollte, ob Frauen der Geshe-Titel verliehen wird?*

BJT: Nein, das ist es nicht. In diesem Komitee sitzen tatsächlich nur Männer, hohe Lamas und Geshes. Selbst wenn dort Angelegenheiten über Frauen verhandelt werden, haben die Frauen keine Stimme. Selbst wenn wir Frauen bitten, an den Sitzungen teilnehmen zu dürfen, wird es uns in der Regel nicht erlaubt. Wir haben da meist noch nicht einmal Beobachterstatus. Ich nahm an einigen wenigen Sitzungen teil, die das Department of Religion and Culture speziell zur Nonnenordination organisierte. Aber wenn diese offiziellen, traditionellen Meetings des höchsten Gremiums der Lamas und Geshes einmal im Jahr oder alle zwei Jahre tagen, haben wir als Frauen kaum eine Chance reinzukommen.

Ich habe das selbst nur einmal, 2011, versucht und wurde abgelehnt mit dem Hinweis, es gebe nicht genug Stühle. Ein Mönch vom Department of Religion and Culture fragte mich: »Wieso? Die Nonnen gehören doch alle zu einer der vier buddhistischen Richtungen, oder? Meinst du, die Nonnen fühlen sich hier nicht von ihren vier Oberhäuptern vertreten?« Da saßen aber nicht nur die vier Oberhäupter dieser Richtungen, sondern rund dreißig weitere Mönche und männliche Laien aus verschiedenen Richtungen und Orten wie Nepal, Ladakh und der Mongolei. Es gibt parallel dazu drei Nonnenorganisationen, das Tibetan Nuns Project Dharamsala, die Ladakh Nuns Association und die Bhutan Nuns Foundation. Von dort hätten Vertreterinnen kommen können, aber sie wurden nicht eingeladen. Natürlich stellte von den Oberhäuptern auch niemand infrage, dass Laien-Buddhisten an den Sitzungen teilnahmen, aber Frauen, egal ob Laien, Lamas oder Nonnen, darin keinen Platz fanden. Es gibt ja auch einige wenige hochstehende weibliche Lamas wie Ihre Eminenzen Sakya Jetsun Chimey Luding Rinpoche und Khandro Rinpoche. Aber auch sie sind nicht dabei. Selbst dann nicht, wenn es um Angelegenheiten geht, die Frauen betreffen. Auch westliche Buddhisten sind nicht vertreten, obwohl es auch um unsere Zukunft geht.

Es ist aus meiner Sicht immer noch ein Unterschied, ob du dich als westliche Nonne für gleiche Rechte einsetzt oder die tibetischen Nonnen das selbst tun. Sie galten bislang als viel gehorsamer. Auf einer Sitzung, bei der ich dabei war, es ging um die Nonnenordination, sagte ein junger Gelehrter sehr provokativ: »Hier sitzen ja ein paar Nonnen im Außenkreis (als stille Beobachter), wir können ja mal selber fragen, ob die überhaupt Interesse an der vollen Ordination als Nonne haben, ich glaube, das seid nur ihr Westlerinnen, unsere tibetischen Nonnen interessieren sich gar nicht dafür.«

Und da dachte ich tatsächlich, jetzt sind wir verloren, denn nun traut sich sicher keine Tibeterin mehr, etwas zu sagen. Ich war sehr angenehm überrascht, als im nächsten Moment zwei Schwestern aus dem Kloster Dolma Ling aufstanden und ans Mikro gingen. Diese Nonnen artikulierten nun mit selbstbewusster Stimme ihre Meinung. Das hat mich beglückt, denn bis dahin hatte auch ich viele der tibetischen Schwestern zuweilen als unterwürfig empfunden, sie hielten sich auch von der Stimme her fürchterlich zurück. Aber diese Nonnen sagten nun: »Na ja, ihr habt uns bisher immer gesagt, dass das aus Vinaya-Gründen, also aus ordensrechtlichen Gründen, nicht geht, aber nach dem, was wir hier nach der Sitzung der letzten Tage gehört haben, scheint es darüber seitens der Gelehrten unterschiedliche Meinungen zu geben, und wenn es geht, dann möchten wir das durchaus auch gerne machen!« Das war der Durchbruch! Damit hatte niemand gerechnet. Das war im Jahr, bevor wir in Hamburg den Nonnenkongress organisierten, mit dem mich der Dalai Lama beauftragt hatte und den ich zusammen mit Thea Mohr, einer Freundin aus Frankfurt, organisierte, die Religionswissenschaftlerin ist. Also brach erst im Jahr 2006 tatsächlich etwas auf.

AS: *Der Dalai Lama wurde neulich auf einer Konferenz beim Peace Institute in Washington gefragt, wann er die Ordination für Frauen erlauben werde, und er sagte, das sei etwas, was sich wohl alle westlichen Feministinnen wünschten, aber er habe nur begrenzten Einfluss darauf. Das ist tatsächlich vielen Menschen außerhalb des Buddhismus nicht klar, oder?*

BJT: Seine Heiligkeit der Dalai Lama hatte schon früher wiederholt erwähnt, dass es nicht in seinem Zuständigkeitsbereich liege, allein über die Nonnenordination zu entscheiden, weil es um den Vinaya, das Ordensrecht, gehe. Das heißt in Vinaya-Angelegenheiten entscheidet niemals eine Person allein. Das muss der Orden entscheiden und zwar im Konsens. Über Bildung, die Sache mit der Geshe-Ausbildung, sagt er, dürfe er allein bestimmen, denn das ist keine Frage des Vinaya, sondern eine tibetische Angelegenheit.

Als der Dalai Lama 2011 zum Achtsamkeitskongress in Hamburg kam, erzählte ich ihm beim Abschied, dass ich im Herbst zu den Mönchen nach Südindien reise. Denn Seine

Heiligkeit hatte 2007 auf dem Internationalen Nonnenkongress in Hamburg eine Ansprache gehalten, in der er erwähnte, dass es Widerstände gegen die Einführung des Geshe-Titels aus Südindien gibt.[1] Er sagte: »Ich wünschte, die Teilnehmer dieses Kongresses könnten nach Indien kommen, um die Angelegenheit mit jenen Tibetern zu besprechen, die etwas engstirnig sind und die zusammen mit ihren Befürwortern gegen die Wiedereinführung der Mulasarvastivada-Bhiksuni-Ordination sind.«[2] Als ich ihm erzählte, dass ich jetzt bei den Mönchen in Südindien Feldforschung betreiben wolle, um einige Fragen zur Nonnenordination mit ihnen abzuklären, da stutzte er und klopfte mir auf die Schulter und sagte: »Letztes Jahr, im Mai 2010, erwähnte ich, dass die frühere Präsidentin Irlands, Mary Robinson, mich den feministischen Dalai Lama nannte. Also bist du die feministische Nonne und ich der feministische Dalai Lama.« Dann lachte er.

Um das einordnen zu können, muss man wissen, er bezeichnet sich tatsächlich selbst als Feminist, im besten Sinne. Als mich in den frühen Achtzigern einige Buddhistinnen fragten: »Bist du Feministin?«, habe ich erst einmal in die *Encyclopaedia Britannica* geschaut, wie der Begriff Feminismus definiert ist. Diese Definition, dass es um die Gleichberechtigung der Geschlechter geht und dass man sich für die Rechte und Interessen der Frauen einsetzt, trifft es, da stehe ich voll dahinter. Das ist doch sehr ehrenhaft. Das, was breite Teile der Bevölkerung spontan mit Feminismus assoziieren, und wie er politisch korrekt in den Lexika definiert wird, sind ja zwei ganz verschiedene Dinge.

AS: *Worin liegt der Unterschied?*

BJT: Wenn man in unseren Breiten sagt, jemand sei eine Feministin, wird ihr oft gleich unterstellt, sie betrachte alles sehr radikal, sei vollkommen undiplomatisch, sehe die Dinge einseitig, sei sehr kämpferisch, aggressiv und stets gegen Männer. Bei den Tibetern ist es nicht besser. Wenn man früher auf die Nonnenordination zu sprechen kam, wurde man auch von den tibetischen Frauen als Feministin negativ gebrandmarkt, darunter auch sehr gebildete Tibeterinnen. Das hat sich im Laufe der letzten drei Jahrzehnte verändert. In den Enzyklopädien wird betont, dass man sich einfach für die Gleichberechtigung der Frauen einsetzt. Gleiche Rechte für Frauen ist genau das, was auch der Buddhismus lehrt, so zumindest mein eigenes Verständnis der Lehre des Buddha. Der Buddha hat ja immerhin zu seinen Zeiten parallel zum Mönchsorden einen relativ gleichberechtigten Nonnenorden eingerichtet, das war für diese Zeit, fünfhundert vor Christus, revolutionär. Wollte man die erste buddhistische Feministin zitieren, dann wäre das die Pflegemutter des Buddha gewesen, Mahapajapati. Sie ging zu ihm und bat ihn, eine der acht gewichtigen Regeln für Nonnen zu ändern, die besagt, dass selbst wenn eine Nonne hundert Jahre ordiniert sei, sie sich dennoch vor einem Mönch verneigen müsse, auch wenn dieser erst seit einem Tag vollordiniert sei. Nach den kanonischen Texten ging Mahapajapati zu Buddha und fragte, ob er diese Regel nicht dahin gehend ändern könne, dass es nur noch um Seniorität gehe, also die Dauer der Zugehörigkeit, und nicht um das Geschlecht. Buddha lehnte das ab, aber nicht prinzipiell, sondern mit der Begründung, dass die Lehrer *anderer* Schulen das nicht akzeptieren würden. Aus meiner Sicht ist dies ein Argument dafür, dass wir die kanonischen Texte kontextuell interpretieren müssen, denn hier wird deutlich, wie wenig reif die Gesellschaft damals für eine vollständige Gleichstellung der Frauen war. Heute ist es umgekehrt. Das bedeutet im Umkehrschluss, dass der Buddha es damals wollte und nicht konnte, und heute *muss* man es machen, um seinem Gedankengut gerecht zu werden.

AS: *Hat die Tatsache, dass die Tibeter ins Exil gingen, eine Entwicklung in Richtung Gleichberechtigung in den Klöstern verhindert?*

BJT: Nein, aber sie hat sie verlangsamt. Das Exil bewirkt eine gewisse Starre, bedingt durch die Angst, das wenige, was man ins Exil hinüberretten konnte, auch noch zu verlieren. Dadurch gibt es eine gewisse Tendenz, nichts verändern zu wollen. Das Hängen an Traditionen und mangelnde Flexibilität gab es natürlich auch schon im alten Tibet. Aber ich glaube, im Exil ist es teilweise noch schlimmer geworden. Man versucht, die Dinge so zu bewahren, wie man sie aus den Fünfzigerjahren, den Jahren vor der Flucht, in Erinnerung hat. In anderen Ländern Asiens wie zum Beispiel in Südkorea hat sich der Buddhismus seitdem aber weiter verändert. Im Sinne des Abhängigen Entstehens bleibt das nicht aus. Wenn sich der Kontext verändert, muss sich Religion – wenn sie für die Menschen der Gegenwart auch weiterhin relevant bleiben will – auf die veränderten Bedingungen einstellen. Tut sie das nicht, wird sie zunehmend ihre Anhänger verlieren.

AS: *Bedeutet das, dass die Exilzeit die Tibeter eher konservativer gemacht hat statt moderner?*

BJT: Für mich ist es wichtig, dass die ganze Sache um die Stellung der Nonnen nicht unnötig politisiert wird, denn das wäre dem abträglich, was wir schon erreicht haben, und es würde nur zum Stillstand führen. Diese Unterscheidung in »konservativ« und »modern« oder »liberal« ist auch eine Form der Stigmatisierung. Tatsächlich hat beides seine guten und schlechten Seiten. Wichtig ist, dass die Beteiligten miteinander reden und man Frauen und ihre Angelegenheiten ernst nimmt.

AS: *Wie würden wir über diese Dinge sprechen, säßen wir in zehn Jahren wieder hier?*

BJT: Das ist schwer zu sagen, ich bin gerade dabei, einen Artikel abzuschließen, den ich zu meiner Forschung über die Nonnenordination geschrieben habe. Am 22. Dezember 2016 hat Seine Heiligkeit den ersten zwanzig Nonnen aus Tibet, dem indischen Exil und den Himalaya-Regionen den Geshe-Titel verliehen. Ich habe dieses Nonnenkloster in Südindien mit aufgebaut, so wurde ich darüber informiert, dass die Zertifikate im Drepung-Mönchskloster in Mundgod verliehen werden. Zunächst fand ich es schade, dass diese Zeremonie nicht in dem Nonnenkloster selbst stattfindet, sondern im benachbarten viel größeren Mönchskloster. Aber dann wurde mir klar, dass sich damit für mich der Kreis der Entwicklung zu unserer ersten Begegnung, 1983, schließen würde. Nun findet die Feier vielleicht doch im Nonnenkloster statt. Wie auch immer, beides hat seine Vor- und Nachteile, und inzwischen ist mir beides recht. Hauptsache, die Nonnen bekommen endlich den Abschluss, den sie sich wahrlich schwer verdient haben.

Die »kleineren« Geshe-Titel werden jeweils von den Klöstern selbst verliehen, aber der höchste Geshe-Titel für Mönche, der Titel eines Geshe Lharampa wird traditionell im Drepung-Kloster verliehen, in dem 1983 auch das Geshe-Jubiläum des Dalai Lama gefeiert wurde. Es ist noch ungewiss, ob der Titel der Nonnen nun auch in der noch neuen Praxis als mit diesem höchsten Titel vergleichbar anerkannt wird.

Was bisher kaum bekannt ist, am 20. Juni 2015 wurde vom höchsten Gremium der Lamas und Geshes in Dharamsala eine positive Entscheidung getroffen. In dem Protokoll der Sitzung heißt es, nach dreißig Jahren Forschung sei es weiterhin »schwierig« zu entscheiden, ob der tibetische Mulasarvastivada-Nonnenorden, so wie vom Dalai Lama gewünscht, wiederbelebt werden kann. Deshalb, um die Angelegenheit nicht weiter hinauszuzögern, habe man beschlossen, für Nonnen die chinesische Dharmaguptaka-Tradition einzuführen und die entsprechenden Texte aus dem Chinesischen ins Tibetische zu übersetzen. Nonnen könnten selbst entscheiden, ob sie diesem Weg folgen wollen. Den genauen Wortlaut kann man in meinem Forschungsartikel nachlesen.

Noch ist unklar, ob das so unorganisiert Sinn macht, dass jede Schwester einfach selbst entscheidet, ob sie geht oder nicht. Die Formulierung, es sei schwierig, das zu entscheiden, auf Tibetisch »de dka' las khag po 'dug« ist vielsagend, denn in der tibetischen Umgangssprache schwingt hier mit, dass es nicht nur schwierig ist, sondern auch, dass es nicht möglich ist oder dass es etwas ist, das man nicht kann oder nicht tun will.

Es kann alles heißen, das ist eine höfliche Formulierung auch für etwas, was man nicht möchte. Ich habe aber jetzt noch einmal mit Seiner Heiligkeit dem Karmapa gesprochen, dem Oberhaupt der Karma-Kagyü-Tradition des tibetischen Buddhismus. Er war im August 2015 in Bonn. Er ist noch sehr jung und sehr unterstützend in der Sache der Nonnenordination. Außerdem spricht er fließend chinesisch.

Ich habe ihn interviewt, als er hier war. Dabei erzählte er mir, dass diese Entscheidung in Dharamsala an seinem Kurs, die Nonnenordination in der Mulasarvastivada-Tradition wiederzubeleben, nichts geändert habe. Er beginne für die Schulung von tibetischen Laienfrauen, Novizinnen und Lernnonnen (eine zweijährige Extrastufe nur für Frauen) mit der Dharmaguptaka-Ordination, aber die volle Ordination soll dann zusammen mit tibetischen Mönchen gegeben werden. Dafür wolle er einen Ritualtext einer seiner früheren Inkarnationen verwenden, und so stehe der Gründung des Mulasarvastivada-Nonnenordens in naher Zukunft nichts mehr im Weg. Diese ersten Ordinationen waren eigentlich schon für 2016 geplant, wurde dann aber um ein weiteres Jahr verschoben.

Ich habe einen aktuellen Forschungsartikel darüber verfasst, in dem ich versuche, noch einmal möglichst objektiv zusammenzufassen, was für die Möglichkeit einer solchen Vorgehensweise spricht. Ich habe die Ergebnisse meiner Feldstudie einbezogen. Ich sprach mit den führenden Vinaya-Mönchsgelehrten der drei großen Hauptklöster der tibetischen Gelug-Tradition.

Das war alles gar nicht so einfach dort, aber zum Ende meines zweiten und letzten Treffens im Kloster Sera kam eine bestimmte Frage auf, die unter den Anwesenden strittig war. Ein hochrangiger Mönch, der sich für die Ordination der Nonnen einsetzt, legte seinen Standpunkt dar, und ein anderer, ebenfalls hochrangiger und offenbar von allen Anwesenden ebenfalls sehr respektierter Mönch, hielt dagegen: »Das habe ich noch nie gehört. Wo steht das?« Der Befürworter nannte den Text und schickte ein paar Mönche los, damit sie die entsprechenden Bücher holen gingen, und dann schlugen sie die auf, und er zeigte auf den Text und sagte: »Hier, da steht es.« Einer der Mönche sah ihm dabei sogar noch prüfend über die Schulter und bestätigte. Dann las einer vor, und alle sagten ganz überrascht: »Ja, da steht es wirklich!« Dann lehnten sie sich zurück, lachten schallend und sagten: »Na, dann ist das doch kein Problem, dann kann man doch die Nonnen ordinieren.«

Doch noch am gleichen Abend sagten sie mir: »Aber sei nicht zu euphorisch. Das eine ist das, was aus den Texten hervorgeht, und das andere ist das, was einige führende Mönche wollen beziehungsweise nicht wollen.« Der politische Wille ist so, dass es einige wenige berühmte, aber sehr laute Lamas gibt, die dagegen sind. Und keiner will sich mit ihnen anlegen. Die asiatische Lebensart beinhaltet eben auch, dass man sehr harmoniebedürftig ist und nichts machen möchte, was kontrovers ist oder spaltet. Harmonie steht über allem, und wenn man etwas anbringt, was Unfrieden stiftet, lässt man es lieber. Die Leidtragenden sind aber hier die Frauen im Buddhismus. Denn das würde für sie bedeuten, dass sich für die nächsten Jahrhunderte weiterhin nichts ändert, weil das Anliegen zu kontrovers ist und Unfrieden stiften könnte.

Der Dalai Lama hat schon 1987 bei der Eröffnung der Nonnenkonferenz in seiner Rede gesagt, dass wir Frauen dafür kämpfen müssen. Damals wunderte ich mich darüber, dass er die Worte »to fight« oder »to struggle« dafür benutzte. Er sprach von »equal rights were given«, es seien also gleiche Rechte wie vom Buddha verkündet überliefert, und sagte: »Was muss vom weiblichen Standpunkt aus für die Frauenrechte geschehen? Wie darauf verwiesen, ist es richtig, für die eigenen Rechte zu kämpfen, nicht mit Stolz und Eifersucht, sondern im Willen um die eigene Verantwortlichkeit, auf dass die menschliche Gesellschaft so gerechter werden möge!«

Mit anderen Worten: Der Dalai Lama machte sehr deutlich, dass wir nicht warten sollten, bis das, was wir anstreben, uns auf dem Silbertablett serviert wird von den Mönchen. Wenn wir so darauf warten, wird sich nie etwas ändern, wir müssten es uns selbst erkämpfen.

Der Dalai Lama hat es schwer, denn er kann nicht wirklich allein entscheiden. Solange er keine breite Unterstützung hat, kann er nicht viel tun.

Einige Nonnen, wie zum Beispiel Tenzin Palmo, kämpfen ebenfalls seit Jahrzehnten dafür. Ich besuchte sie einmal in ihrem Dongyu-Gatsal-Ling-Kloster und sagte damals: »Ich weiß überhaupt nicht, woher du diese Ausdauer und diesen Langmut nimmst für dieses Thema, denn du beschäftigst dich damit ja noch länger als ich. Das bestimmt das ganze Leben! Woher nimmst du nur die Kraft dafür?« Da zeigte sie auf ein Foto, das in ihrem Wohnzimmer steht. Sie holte es näher heran und zeigte es mir: »Weißt du, wer das ist? Kennst du die?« Ich schüttelte unsicher den Kopf. Daraufhin antwortete sie:

»Das sind die Suffragetten.« (*Sie lacht laut.*) Ich hatte eher einen tiefsinnigen Ratschlag aus dem Buddhismus erwartet!

Tenzin Palmo gehört zu einer ganz anderen Generation als ich; sie ist Britin und hat eine andere lange Geschichte. Sie hält mit ihrer Meinung nicht hinterm Berg und macht sich damit nicht immer bei allen beliebt. Damit kann sie leben, das macht ihr nichts mehr.

An diesem Tag machte sie mir mit dem Foto der Suffragetten-Frauenrechtlerinnen, die vor etwa hundert Jahren aktiv waren, in der Hand klar, dass wir noch viel mutiger sein müssen.

AS: *Vielen Dank für dieses Gespräch.*

KAPITEL 6

Das geheiligt Weibliche im tibetischen Buddhismus

Eine Unterweisung von
Jetsunma Tenzin Palmo (Diane Perry)
über Göttinnen und heilige Frauen

Erkenntnis vorprogrammiert?
Eine kurze Einführung der Herausgeberin (Anne Siegel) zum Verständnis der folgenden Unterweisung

Ist es nicht ein schöner Gedanke, dass nun eine Zeitenwende beginnt und wir sie alle mitverfolgen dürfen? Zum ersten Mal in der Geschichte des fast zweitausendsechshundert Jahre alten tibetischen Buddhismus dürfen Frauen lehren und mehr als das: Endlich sind sie als Expertinnen buddhistischer Weisheit anerkannt.

Da mag ein kurzer Blick auf den Urbegriff der männlichen spirituellen Lehrer im Buddhismus seltsam anachronistisch erscheinen: Der Lama-Titel, der noch immer nur von Männern bekleidet wird, birgt in Wahrheit eine Überraschung in seinem Namen. La-ma! Das -ma bedeutet im Tibetischen, dass es weiblich ist. Lama bedeutet denn auch übersetzt nichts anderes als »hohe Mutter«, und so zeichnet die Lamas vor allem aus, dass sie eine weibliche Energie besitzen. Dass noch immer keine Frau offiziell Lama ist, scheint daran nichts zu ändern, solange die männlichen Lamas ihre Schüler umsorgen und mit weiblichen Worten und Werten nähren.

Der Buddhismus hat durch die Hierarchie der Geschlechter in den vergangenen Jahrhunderten eine eindeutige Richtung genommen, er ist vermännlicht worden und hat damit eine Entwicklung beschritten, die mit der katholischen Kirche verglichen werden kann. Unter den weisen Worten der Reformschwestern aus dem Westen gerät dieses rein männliche Konstrukt gerade aber mächtig ins Wanken. Da kommt es gerade recht zu erfahren, dass der Buddhismus schon in früheren Zeiten voller starker Frauen war – voller Göttinnen, Heiligen und weiblichen Yogis: das geheiligt Weibliche.

In seinem Buch *Die Welt in einem einzigen Atom* stellt Seine Heiligkeit der 14. Dalai Lama die ungewöhnliche Frage, ob der Buddhismus vielleicht gar keine Religion ist, sondern vielmehr eine Wissenschaft des Geistes. Dazu muss man wissen, dass es zum Kern des Buddhismus gehört, den eigenen Geist zu schulen. Zum Geist zählen dabei auch Gefühle. Ihre Ursachen speisen sich im buddhistischen Blick (neben äußeren Umständen) aus unserem Denken.

Hier ist die eigene innere Haltung entscheidend. Nur wer erkennt, wie die Dinge wirklich liegen, kann eine Verhaltensänderung oder Richtungsänderung des eigenen Denkens bewirken und reduziert so auf Dauer das eigene Leiden. Der Buddhismus baut auf die menschliche Intelligenz und darauf, dass der Mensch sich verändern kann. Wirkungen entstehen aus Ursachen.

Der Ursprung des Wortes »Weisheit« im Sanskrit (Prajnaparamita) wird auch mit »darüber hinausgehen« übersetzt. Wirkliche Weisheit bedeutet also auch, sich weiterzuentwickeln und über sich hinauszugehen. Diese geradezu moderne Betrachtungsweise erklärt vielleicht den aktuellen Boom des Buddhismus im Westen, ist er doch mit unserer modernen Sichtweise auf Psyche und persönliches Wohlergehen kompatibel.

Um dieses Wachsen, dieses Über-sich-Hinausgehen, geht es auch in den Lectures oder Unterweisungen. In wohl keiner anderen Religion ist das direkte Verhältnis zwischen Lehrern und Schülern so wichtig wie im Buddhismus. Diejenigen, die den Unterweisungen zuhören, sollen dies reinen Herzens tun und im Wissen darum, dass sie einen größtmöglichen Nutzen aus der reinen Lehre ziehen können. Buddhistische Lehrer und Lehrerinnen wiederum folgen der festen Absicht, den Zuhörenden mit ihren Worten und Schilderungen nützlich zu sein. Das Leben des Lehrenden soll den Schülern als Vorbild dienen und die Lehre den Zuhörern anpassen, sodass sie möglichst gut begreifen, wie sie ihr Leben verbessern können. Neben den Worten ist vor allem die gute Absicht des Lehrers dabei wichtig. Oft unterrichten die Lehrer in ganz einfachen Worten, damit sie viele Schüler erreichen. Immer ist die Energie der Lehrenden wichtig, die den Schülern das nötige Selbstvertrauen geben soll, um sich zu erproben und sich auf neues geistiges Terrain hinauszuwagen.

Die Unterweisungen großer Lehrer und Lehrerinnen sind auf der ganzen Welt populär. Wenn Jetsunma Tenzin Palmo auf Vortragsreise ist, sind ihre Lectures in der westlichen Hemisphäre schnell ausgebucht. Sie machte mir das große Geschenk, eine ihrer Unterweisungen übersetzen und in diesem Buch abdrucken zu dürfen. Es geht in dieser folgenden Unterweisung um das geheiligt Weibliche im tibetischen Buddhismus.

Die Frauen im tibetischen Buddhismus erleben durch die aktuelle Reformbewegung eine große Popularität. Diese Bewegung verfolgt nicht nur die Geschlechtergerechtigkeit im Buddhismus. Die westlichen Nonnen beherrschen zudem perfekt die Sprache derer, die es zum Buddhismus zieht. Tenzin Palmo gibt Anweisungen, wie man im Buddhismus wahrhaft Lehrende von Gurus mit fettem Ego unterscheidet: »Kommt es aus Weisheit und wahrem Mitgefühl, oder steckt nur ein riesiges, aufgeblasenes Ego dahinter?«

Auch der Dalai Lama betont immer wieder, dass praktizierende Buddhisten ihre Lehrer kritisch beleuchten sollen. Westler erweisen sich bei Gurus aller Art erfahrungsgemäß in Indien als leichtgläubig, denn die Sehnsucht nach Erleuchtung lässt sie oft nicht mehr unterscheiden, ob der Lehrer tatsächlich sie als Zuhörende meint – oder nur sich selbst, wenn er im Rampenlicht steht.

»Gute Lehrer erkennst du daran, wie ihre Schüler in zwanzig Jahren sind.« Diesen Ratschlag hat Tenzin Palmo selbst von ihrem Lehrer erhalten. Gute Lehrer lassen ihre Schüler über sich hinauswachsen.

»Lehrer« wird hier bewusst in der männlichen Form verwendet, denn durch die späte Angleichung der Gelehrten für beide Geschlechter müssen sich die frischgebackenen weiblichen Geshes in den kommenden Jahren als Lehrerinnen erst noch beweisen.

Jetsunma Tenzin Palmo (Diane Perry): Über Göttinnen und heilige Frauen

Wenn wir über das geheiligt Weibliche im Buddhismus sprechen, bezieht sich dies in unserer Praxis meistens auf den Buddha Tara. In Tibet heißt Tara »Drolma«. Und »Drolma« bedeutet »die Befreite, die weiblich Befreite«. Mir ist es ein Anliegen, das in ein größeres Ganzes zu bringen.

Wenn wir an Buddha denken, halten wir uns vor Augen, dass er einst seinen Palast verließ und danach sechs Jahre praktizierte, bis er schließlich unter einem Bodhibaum die Erleuchtung erfuhr.

Das, was ich dazu sagen werde, ist für Buddhisten wie Nicht-Buddhisten gleichermaßen zugänglich. Mir ist es wichtig, dass sich hier alle mit eingeschlossen fühlen, auch die, die keine praktizierenden Buddhisten sind.

Immerhin kennt jeder Buddhas Geschichte. Nachdem er die Erleuchtung unter dem Bodhibaum erfuhr, ging er nach Varanasi und dann an einen Ort namens Sarnath. Im dortigen Palast traf er auf frühere Gefährten. Damit begann er das Rad des Dharma zu drehen, indem er die Vier Noblen Weisheiten lehrte und den Achtfältigen Pfad. Viele erfuhren die Erleuchtung, als sie hier das Dharma für sich entdeckten, und er gründete mit ihnen einen Mönchsorden.

Hier befinden wir uns zum ersten Mal in der Geschichte nach seiner Erleuchtung an dem Punkt, an dem die Frauen ins Spiel kamen. Denn es gab eine Frau, die hinter ihm stand. Ihr Name war Mahapajapati Gautami. Sie war die Tante und Stiefmutter Buddhas. Buddhas eigene Mutter starb eine Woche nach seiner Geburt, deshalb wurde er zu dieser besonderen Frau gebracht, die ihn aufzog und die die spätere Frau seines Vaters wurde. Sie war die Schwester seiner Mutter. Also war es seine eigene Tante, die ihn ab diesem Zeitpunkt aufzog.

Als Buddha von seiner Reise zurück in den Palast kam, traf er zum ersten Mal wieder auf seine Frau und seinen Sohn. Der

Sohn folgte ihm schon im Alter von acht Jahren in den Orden. Zu dieser Zeit verließen auch viele Edelmänner und Menschen aus dem Sakya-Clan, dem Buddha selbst angehörte, ihre Heimat, um sich Buddha anzuschließen und Mönche zu werden. Also folgten auch Mahapajapati und fünfhundert ihrer Hofdamen diesem Ruf – und fünfhundert war eine beträchtliche Anzahl! Sie folgten Buddha, schnitten ihr Haar ab, zogen lange Roben an und folgten ihm nach.

Auch Mahapajapati fragte den Buddha, ob sie einen Vorstoß machen dürfe, um in seinem Namen ein heimatloses Leben zu führen. Buddha antwortete: »Nein, es ist dir nicht einmal erlaubt zu fragen.« Sie aber fragte dreimal und wurde ein ums andere Mal von Buddha zurückgewiesen. Letztlich stand sie draußen, weinte und ihr Neffe Ananda kam des Weges und sah sie.

Ananda war Buddhas Cousin und Begleiter. Vor ihm stand seine weinende Tante, umringt von ihren Hofdamen, und ihrer aller Füße waren nackt und vom Gehen blutig geworden. Schließlich waren sie Hofdamen und es nicht gewohnt, Kilometer um Kilometer barfuß laufen zu müssen.

Also fragte er sie, was ihr Kummer sei, und seine Tante erklärte sich ihm, sie erzählte Ananda, dass sie und ihre Hofdamen beschlossen hatten, die schwesterliche Gefolgschaft Buddhas anzutreten, doch dieser habe sie abgewiesen.

Ananda ging daraufhin direkt zu Buddha und sagte: »Deine Tante steht draußen, sie ist aufgewühlt. Sie begehrt, eine Nonne zu werden, und du weist sie zurück?« Worauf Buddha antwortete: »Ja, ich erwäge es nicht einmal.« Ananda fragte: »Ist es, weil Frauen nicht dazu fähig sind, gleichberechtigt und frei zu sein?« Buddha gab zurück: »Nein, natürlich können sie gleichberechtigt sein.« Und Ananda fragte weiter: »Warum also hinderst du sie daran, so weit zu gehen, wie es jedem Mönch und jedem Mann gestattet ist?«

An diesem Punkt angekommen, sagte Buddha: »Gut, Ananda, lass die Frauen hinein in die Sangha.« Und so ging Ananda zu Mahapajapati und sagte: »Ehi bhiksuni.« Das bedeutet »Tritt ein, Nonne«, womit er zugleich auch dem Rest der Nonnen die Erlaubnis erteilte, einzutreten und damit ordiniert zu werden.

Dieses Geschehen macht Mahapajapati zur Gründerin des Nonnenordens. Sie war die erste buddhistische Nonne.

Dies ist übrigens der einzig uns überlieferte Moment, in dem Buddha seine vorgefasste Meinung änderte. Normalerweise sagte er etwas, und so blieb es. Aber in jenem Moment, unter einem anderen Druck stehend, änderte er seine Meinung und veränderte sich selbst und bewirkte damit etwas Wichtiges. Das macht Ananda gleichzeitig zu unserem Förderer und Schutzheiligen. In unserem Nonnenkloster befindet sich eine kleine, sehr schöne Statue von Ananda.

Natürlich fragt heute jeder: »Warum war Buddha derart zurückweisend?« Und den tatsächlichen Grund dafür können wir heute gar nicht mehr nachvollziehen. Vielleicht war es, weil Mahapajapati uns als bereits »ergraut« überliefert ist. Sie war also schon älter, als sie zur Jüngerin wurde, um nicht zu sagen mittelalt, was damals bereits als alt gegolten haben dürfte. Wie wir sehen, hatte sie Falten und weißes Haar. Und sie war eine Hofdame, eine Königin. Auch die ihr folgenden Frauen waren wie sie sehr fein aufgewachsen.

Hinzu kommt, dass in diesen Zeiten Klöster noch gar nicht existierten. Alle Mönche lebten damals auf der Straße und schliefen des Nachts unter Brücken oder unter Bäumen. Sie erbettelten das, wovon sie lebten. So muss Buddha wohl auch gedacht haben: Das ist zu hart für diese Frauen. Und auch: Wer wird sie beschützen? Sie hatten ja kein Obdach, denn auch Nonnenklöster gab es noch nicht. Es war eine große Verantwortung, diese Frauen ohne Obdach auf die Wanderschaft zu schicken. Letztlich hörte er sie doch noch an, er ordinierte sie, und die Frauen gründeten Nonnenklöster.

Was ich herausstellen möchte, ist, dass Mahapajapati eine fantasievolle Aura umgibt. In unserem eigenen Tempel im Kloster existiert ein Abbild von ihr auf einer Wand. Darauf wird auch die Aura deutlich, die sie umgibt. Man spürt, wie ausgeklügelt das ist. Da ist die Abbildung auf der einen Seite unseres eigenen Tempels. Mahapajapati war seit Buddhas frühesten Tagen umgeben von zwölf Nonnen. Ich selbst hatte mir diese weibliche Repräsentantin der Erleuchtung auf den Wänden unseres Tempels gewünscht. Der Künstler, der dafür verantwortlich war, nahm sich das wahrhaft zu Herzen. So brachte er auf der einen Wand den Buddha an, auf der anderen prangte Mahapajapati Gautami. Beide sind dort umgeben von den zwölf Nonnen in ihren früheren Theravada-Roben, mit ihren jeweiligen Namen unter den Bildern, genauso wie sie im Vinaya stehen.

Die Darstellung von Mahapajapati hat auch deshalb eine fantastische Aura bekommen, weil der Künstler mir erklärte, sie habe dort eine Buddha-gleiche Aura. Er ließ sie beide an den Wänden fast gleich aussehen, weil er der Überzeugung war, dass sie genauso wichtig für die Frauen sei wie Buddha für die Männer. So hat sie nicht nur eine gleiche Aura, sie trägt sogar Buddha-gleich wie er den Haarknoten, den Ushnisha auf dem Kopf, den ihr der Künstler verlieh. Einen solchen Knoten sah ich auf noch keiner Darstellung von ihr, aber auf der Abbildung in unserem Tempel hat sie ihn.

Mahapajapati ist eine sehr wichtige Figur in der frühen Geschichte Buddhas. Obwohl sie in vielen Überlieferungen zur Geschichte Buddhas in Vergessenheit geriet, spielte sie doch tatsächlich eine sehr wichtige Rolle, denn sie war es, die die später entstehende Nonnenschaft begründete. Inzwischen ist die buddhistische Welt voller Nonnen, manche mit höherer Ausbildung und andere mit einer geringeren Bildung.

Grundsätzlich gibt es im frühen Pali-Kanon des Theravada-Buddhismus, der heute an Orten wie Sri Lanka, Kambodscha und anderen verbreitet ist, nichts geheiligt Weibliches. Da ist Buddha, und da sind die Ausübenden, aber die Idee vom geheiligt Weiblichen kommt nicht vor. Alles ist sehr männlich orientiert. Mahapajapati wurde vergessen, und alle Verehrung und Anbetung ist männlich.

Doch im Mahayana-Buddhismus, der sich von Indien nach China, Japan, Korea, Vietnam und Tibet ausbreitete, bevölkern Buddhas und Bodhisattvas die Ruhmeshalle; einige von ihnen sind sogar weibliche Verkörperungen.

Da gibt es zum Beispiel Prajnaparamita. Sie gilt als das transzendierte Wissen. Das Wissen im Buddhismus ist weiblich. Sie repräsentiert damit die erleuchtete Natur des Geistes, das Dharmakaya, denn alle Buddhas aus drei Epochen und zehn Richtungen wurden in das perfekte, erleuchtete Wissen hineingeboren, folglich ist sie die große Mutter. Im Tibetischen selbst wird sie üblicherweise nicht als Prajnaparamita bezeichnet.

Dort ist sie Yum Chenmo. Yum Chenmo bedeutet »Große Mutter«. Sie wird in verschiedenen Gestalten des wahrhaft Absoluten in vielen Ländern, in denen der Mahayana-Buddhismus vorherrscht, verbildlicht, doch hier, im tibetischen Buddhismus, ist sie mit vier Armen dargestellt und hält ein Buch, den Text über die Perfektion der Wissenstexte. Sie befindet sich die ganze Zeit in einem Meditationszustand, der erleuchteten Wirklichkeit. Und sie hält einen der Ritualgegenstände, den Vajra.

Sie repräsentiert das endgültige Wissen und die erleuchtete Natur des Geistes, die Dharmakaya. Damit ist das Endgültige weiblich. Das ist Prajnaparamita.

Auch auf einem fleckigen Glasfenster unseres Tempels ist sie zu sehen. Es gibt eine kanadische Nonne, Tsunma Thubten Jamyang Donma, die eine spezielle Kunst beherrscht. Wir trafen einander vor vielen Jahren. Damals sagte sie: »Wenn du jemals einen Tempel haben solltest, will ich gern eines meiner gebeizten Glasfenster dafür machen. Bitte schön. Was hättet ihr gern?« Und ich sagte: »Ein Abbild einer Tara und einer Yum Chenmo.« Nun haben die beiden ein gebeiztes Glasfenster in unserem Nonnenkloster.

Als der Mahayana-Buddhismus sich nach China, Japan, Korea, Vietnam und noch weiter ausbreitete, waren alle Buddhas noch immer männlich. Auch die Bodhisattvas, wie Buddha Amitabha, Sita Garba, Samantabhadra, Manjushri, waren alles männliche Formen. Mithin, als er diesen Teil Asiens erreichte, müssen die Menschen zu der Erkenntnis gekommen sein, dass Barmherzigkeit ein weibliches Attribut sein sollte, und so wurde aus der bis dahin männlich zugeordneten Figur des Avalokiteshvara, in China besser bekannt als Quan Yin und in Japan als Kannon, eine weibliche.

Manchmal ist auch das nicht ganz sicher zuzuordnen, denn in Korea gab es eine Art Quasi-Quan-Yin: Die Figur sieht eigentlich weiblich aus, ist indes aber flachbrüstig, weil sie im Original mal männlich war, aber die Chinesen waren auch ein bisschen prüder und mochten die indischen Darstellungen in ihrer vollbusigen Art sowieso nicht. Also geriet sie flachbrüstig, aber dennoch weiblich. Man würde sie jedenfalls nicht als Mann identifizieren.

So wurde sie zur Gottheit der Barmherzigkeit, und in China ist sie sehr, sehr wichtig, ebenso in Korea, Vietnam und Japan. Jeder Tempel hat einen Quan-Yin-Schrein, der dort in etwa so verbreitet ist wie die Jungfrau Maria in katholischen Kirchen.

Und tatsächlich gibt es in Vietnam, das halb katholisch, halb buddhistisch ist, sogar einige Orte, in denen die Häuser Balkone haben, auf denen man auf einem Balkon die Jungfrau Maria in ihren weißen Gewändern und auf dem nächsten Balkon eine Quan Yin sieht, die fast genauso aussieht.

Manchmal hält die Quan Yin auch Kinder und steht dabei auf einem Drachen. Der Drache ist im Chinesischen ein Glückssymbol. Doch auch die Jungfrau Maria wird in mittelalterlichen Darstellungen manchmal auf einem Drachen dargestellt, der damals als Teufel betrachtet wurde. Sie besiegt den Teufel, während Quan Yin sich reitend der Kraft des Drachens bedient.

In vielen Aspekten sind die Darstellungen der beiden Figuren damit sehr ähnlich, denn viele Menschen in Ostasien verehren Quan Yin ebenso wie die Menschen in der katholischen Kirche die Heilige Jungfrau Maria anflehen.

Warum eigentlich glauben die Menschen, im Femininen eine größere Nähe zu spüren, und warum ist ihnen das offenbar auch ein Bedürfnis? Viele Menschen in katholischen Ländern haben Visionen von der Jungfrau, aber nur wenige haben Visionen von Christus. Ebenso haben in den Ländern des Mahayana-Buddhismus Menschen mehr Visionen von Quan Yin oder Tara als von Buddha selbst oder von Amitabha oder den anderen männlichen Buddhas.

In unserer Zeit handeln viele Bücher davon, dass Menschen Begegnungen mit Quan Yin oder Tara hatten. Selbst Menschen, die nicht einmal Buddhisten waren, sahen sie und wussten mitunter gar nicht, wer das war, der ihnen da begegnete. Aber sie schien ihnen doch wie eine Mutter, die ihre Hand nach ihnen ausstreckte. Erinnern wir uns, dass ein Vater der ist, der von uns gute Schulnoten verlangt und uns erst den Kopf streichelt, wenn wir die Leistung erbringen. Aber eine Mutter ist immer für dich da, egal was wir tun und wem wir genügen, sie liebt dich, bewertet dich nicht – und du musst nicht nach ihr rufen, sie ist es, die zu dir kommt.

Von daher denke ich, dass unser Verlangen nach dem geheiligt Weiblichen etwas Wundervolles sein muss, weil es uns gleichzeitig liebt, uns nährt und nicht bewertet und deshalb wichtig für unsere Psyche ist.

Aus diesem Grund glaube ich auch, dass die Religionen, die das geheiligt Weibliche nicht beinhalten, keine Zukunft haben, denn es ist ein derart wichtiger Teil für unsere Psyche, dieses Gottgewollte als weibliches Symbol.

Quan Yin ist auf diese Weise für ganz Asien immens wichtig geworden. Unser Fokus hier liegt auf dem tibetischen Buddhismus, aber es ist wichtig, in diesem Zusammenhang an ganz Asien zu erinnern, weil die Symbolik des Quan Yin dort in vielerlei Gestalt auftaucht, ob sitzend, stehend oder in anderen Formen.

Nur einen Bodhisattva ließen die Tibeter unverändert. Es ist Avalokiteshvara, der Bodhisattva des Mitgefühls, er bleibt in Tibet männlich. Aus meiner Sicht geschah dies, weil die Menschen Tibets nicht noch eine weibliche Form brauchten, denn sie hatten ja schon Tara. Und Tara repräsentiert bereits das Mitgefühl ohne jede Furcht. Sie ist eine sehr starke Lady und füllt die Rolle des barmherzig Weiblichen aus. Jeder übernahm die Tara-Praktiken in seinen Alltag, egal ob Rinpoches oder einfache Nomaden, männliche, weibliche Praktizierende, Mönche oder Laien. Die Menschen taten dies, weil sie so unmittelbar ist. Wenn du Hilfe brauchst, wendest du dich an die Tara, sie hat viele Formen und spielt eine wichtige Rolle im tibetischen Buddhismus. Sie steht im Zentrum von allem.

In den tibetischen Erscheinungsformen kennen wir drei Gemütsverfassungen: Eine von ihnen ist die friedvolle Göttlichkeit, bekannt als Tara oder Avalokiteshvara, Chenrezig, Amitabha, als all jene, die friedvoll sind.

Tara repräsentiert einundzwanzig Aspekte. Das sind die berühmten »Einundzwanzig Lobpreisungen der Tara«. Jeder einzelne Vers darin zeigt einen der verschiedenen Aspekte der Tara, die alle Tibeter verinnerlicht haben und auswendig können. Laien, Mönche, Nonnen, jeder kennt die »Einundzwanzig Lobpreisungen der Tara«. Viele Laien sprechen sie am Morgen, wenn sie Frühstück machen oder den Tee aufsetzen, sie sprechen die »Einundzwanzig Lobpreisungen der Tara« vor sich hin, sagen sie auf. Unsere Nonnen machen das hier jeden Morgen. Ihr Ritual für die Tara dauert allmorgendlich eine ganze Stunde.

Die meisten dieser einundzwanzig Erscheinungen Taras sind friedvoll. Aber zwischen ihnen finden sich auch solche, die zornig wirken. So erscheint sie in all ihren Aspekten. Einige von ihnen haben zwei Arme. Einige weisen vier Arme auf. Da ist auch eine, die noch mehr Arme hat. Sie zeigt sich in vielen, vielen Formen, damit sie verschiedene Probleme lösen kann. Viele Taras erscheinen uns, damit sie unsere unterschiedlichen Probleme lösen helfen. Aber alle sind sie doch Teil der Grünen Tara. Die Grüne Tara schützt uns vor den acht großen Ängsten.

Und neben der Hauptfigur der Grünen Tara gibt es die Weiße Tara in ihren verschiedenen Erscheinungsformen, also weiteren Manifestationen, die alle auch ihre eigenen Namen haben. Die Weiße Tara ist dazu da, uns eine gute Gesundheit und ein langes Leben zu schenken. Wenn Menschen krank sind, wird die Weiße Tara aktiviert, um uns aus der Krankheit herauszuholen und unsere Lebensspanne zu verlängern, sofern es sich nicht um eine karmische Verwicklung handelt. Manchmal ist unsere Zeit auf Erden schlicht abgelaufen, weil unser Karma es vorsieht, dann müssen wir sterben, und das lässt sich nicht ändern. Aber manchmal baut sich vor uns ein Widerstand auf, während unsere Lebenszeit karmisch noch längst nicht beendet ist. In solch einem Fall lässt sich der Widerstand überwinden, damit wir bis zu unserem karmischen Ende weiterleben können. In solch einem Fall, zur Verlängerung der karmischen Lebensspanne, aktivieren Tibeter die Weiße Tara. Eine ihrer Varianten ist die kleine Tara.

Zudem gibt es die Hindu-Göttin Sarasvati. Sie ist die Verkörperung der Kultur und der Künste, der Musik und der Bildung. Im Tibetischen findet sie ihre Entsprechung als Gemahlin des Manjushri, dem Bodhisattva der Weisheit.

Neben den friedlichen Aspekten gibt es noch die Aspekte, die wir shimatu nennen, die nicht friedlich, aber auch noch nicht zornig sind. Nennen wir sie halbzornig. In diesem Aspekt befinden sich die Yoginis. Dahinter steht Vajrayogini als die Königin aller Dakinis.

Dakinis spielen in der tibetischen Tradition eine wichtige Rolle. Sie können menschlich sein oder halb göttliche Geister, aber für uns sichtbar; ein gemeinsames Element ihres Wesens ist, dass sie Boten sind. Wenn man die Lebensgeschichte des Yogis Milarepa nachliest, finden sich in seiner Geschichte oft Dakinis wieder, um ihm eine Botschaft zu überbringen. Sie wenden sich an ihn, um ihm mitzuteilen, was er zu tun hat, und was danach passieren wird. »Heute wird diese wichtige Person zu dir kommen, also bereite dich darauf vor.« So lautet eine typische Nachricht. Sie sind Boten, die zugleich die weibliche Energie darstellen, oft sind dies yogische Energien.

Wenn eine Person etwa innerlich aufheizende Meditationen praktiziert wie das Kundalini-Yoga, kann es vorkommen, dass er oder sie sich selbst danach in Form einer Vajrayogini-Dakini wahrnimmt. Das kann selbst Männern passieren, die sich plötzlich als eine wilde, nackte, weibliche Erscheinungsform wahrnehmen. Und das ist dann die reine Energie, die sich in femininer Urkraft zeigt, eine Art Shakti.

Im Indien früherer Tage, aber auch im heutigen Indien noch, betrachtet man Dakinis beinahe als Hexen. Traditionell lauern sie an Einäscherungs- und Beerdigungsstätten, und sie können in zwei Richtungen gleichzeitig gehen. Sie waren die Vermählten der wilden Yogis. Aber in den frühen Texten sind sie oft mehrdeutig in dem, was sie vorhatten. Als sie schließlich nach Tibet gelangten, bereinigten sie ihre Taten und handelten an der Seite gutartig Ausübender. Deshalb sind sie beides: Bestimmte Frauen werden als Dakinis betrachtet, hielten sich aber im Reich des Sichtbaren auf.

Als Beispiel hierfür soll der Ort dienen, an dem ich einmal lebte: Lahoul. Lahoul heißt auf Tibetisch auch Garsha, was bedeutet »das Land der Dakinis«, denn es wurde als der Landstrich betrachtet, an dem alle Frauen Dakinis waren, auch weil tatsächlich viele Dakinis in den Bergen dort oben lebten. Das sind jene Dakinis, die man tatsächlich sehen kann, und es sind dort auch solche Dakinis, die man als eine Art Inspiration für die eigene buddhistische Praxis betrachten kann. Im Yoga

Tibets ist es üblich, sich selbst als solche Formen der Yogini zu sehen.

Vajrayogini ist der Kopf aller Dakinis. In den neuen Tantras ist sie die Königin der Dakinis, und wenn Menschen einige der yogischen Praktiken ausüben, sehen sie sich selbst als sie, denn vom Standpunkt des Yogischen ist unsere Natur die der Unbezwingbaren, aber gleichermaßen auch die der vollkommen Erleuchteten.

Eine ganze Reihe der wichtigsten männlichen Tantra-Verkörperungen wird mit Dakini-Gemahlinnen an ihrer Seite verbildlicht. Die Dakinis können aber auch als einzelne Wesen betrachtet werden, die sich uns zeigen.

Der Gemahl Vajrayoginis heißt Chakrasamvara oder Demchok. Er ist blau und hat zwölf Arme. Aber sie wird auch ohne ihn dargestellt. Dann führt sie zum Zeichen ihrer Macht seinen Stab mit sich, der ihre Stellung als Gemahlin anzeigt. Mit anderen Worten: Sie trägt ihn nur mit sich umher. Er braucht sie immer als die ihn Umarmende, während sie von ihm unabhängig bleibt, denn sie hat ja ihren Hofstaat und ist nicht auf ihn angewiesen. Natürlich will sie unabhängig von ihm bleiben … und ist es selbstverständlich auch.

In vielen Abbildungen hält sie eine Schädeldecke und trinkt das Blut der großen Glückseligkeit. Um ihr Haupt herum sind menschliche Köpfe angeordnet, und sie selbst steht auf zwei Gestalten. Eine davon ist ein rotes weibliches Wesen, das auf dem Rücken liegt, die andere ist schwarz, männlich und liegt auf dem Bauch. Sie selbst trägt Knochenornamente, hat drei Augen, und um ihren Kopf ist ein Federschmuck gewickelt. In den neueren Tantraschulen ist sie eine sehr häufig vorkommende Symbolfigur; alle neuen Tantraschulen arbeiten mit einer Version dieser Abbildung der Vajrayogini, weil sie sehr wichtig ist.

Es gibt auch Nonnen, die sich als Dakinis kleiden. Sie vollführen einen Dakini-Tanz. Traditionell tanzten früher nur Mönche diesen Tanz, aber da wir Hinweise darauf haben, dass Dakinis ursprünglich weiblich waren, sollten auch Mädchen diese Tänze erlernen. Die wenigen Nonnen, die sie damals erlernten, brachten sie den anderen bei, und heute tanzen wir diesen Tanz sogar in unserem eigenen Kloster.

In der tibetischen Tradition, aber auch in der chinesischen und im Mahayana und Theravada sind Schützergestalten sehr wichtig. Sie beschützen das Dharma vor allen bösen Einflüssen. So sieht man in Thailand alle Arten dieser Wesen draußen vor Tempeln und Klöstern stehen. Man erkennt sie daran, dass sie einen sehr zornigen und angsteinflößenden Blick haben. Genauso ist es im chinesischen Buddhismus, auch dort stehen diese Figuren vor allen Tempeln, auch sie sehr zornig blickend, damit sie alles, was negativen Einfluss auf den Eingang zum Tempel haben könnte, bannen.

Ebenso existieren im Tibetischen viele solcher Schützer. Egal was sie tun, sie tun mehr als alle anderen. Unter ihnen befindet sich eine Gestalt, die Teil von zwölf weiblichen Schützern, die über ein eigenes Orakel verfügen, ist. Ihr Name ist Tenma. Das ist eine schöne Lady, die einst eine lange Zeit ihres Daseins in Dharamsala verbrachte. Sie trägt ein Kostüm, das ihren ganzen Körper bedeckt, und begibt sich in Trance, und ihr ganzes Gesicht verändert sich dabei, wenn sie tanzt. Dann erst nimmt sie ihre äußere Form an. Menschen wie Seine Heiligkeit der Dalai Lama stellen ihr dann Fragen, und sie antwortet im Zustand der Trance. Das ist sie, die Lenkerin der weiblichen Schützer, die Tenma.

Die Schützer sind fast alle verschiedenen Bergketten zugeordnet. Als Menschen wie Padmasambhava und andere zunächst nach Tibet gerieten oder die großen Yogis, die sich zum Meditieren in die Berge zurückzogen, senkten sich die Götter auf sie herab und forderten sie heraus. Natürlich bestanden die großen Meister diese Prüfungen. Die großen Götter boten ihnen daraufhin ihre Ehrerbietung an, und kurz darauf legten sie ihre Ordensgelübde ab, um das Dharma zu beschützen. Dies machte sie zu Dharma-Schützern. Padmasambhava wurde zu einer der ihren. Sie hatte elf Schwestern, zusammen waren sie zwölf. Sie alle ritten unterschiedliche Tiere.

Wir haben also die friedvollen göttlichen Wesen, und wir haben die halb friedvollen göttlichen Wesen – sie blicken finster drein, sie sind wild, aber sie haben noch immer ein menschliches Antlitz. Unter ihnen befinden sich richtig Grimmige. Einige von ihnen sieht man auch vor den Tempeln. Auch die Grimmigen stehen dort, um alles Negative davon abzuhalten, an die heiligen Orte zu gelangen. Diese Schützer sind beides, männlich und weiblich.

Normalerweise nimmt man die Schützer in Tibet sehr ernst. Sie stehen neben den Haupteingängen der Tempel, in deren

Innern sie entweder einen eigenen Raum haben, in dem sie noch einmal stehen, oder sie haben sogar zusätzlich einen eigenen Tempel. Darin sind die Wände schwarz, häufig stehen in diesen Räumen zusätzlich Waffen und ausgestopfte Tiere, was besonders abschreckend wirkt.

Üblicherweise, wenn man in einen dieser Tempel geht – und dies gilt vor allem für traditionelle Tempel –, weisen Schilder vor den Gebäuden darauf hin, dass Frauen darin nicht erlaubt sind. Meistens ist nur Männern das Betreten der sogenannten Schützerräume erlaubt. Aus diesem Grund bauten wir in unserem Kloster einen eigenen Schützertempel neben dem Haupttempel und meinen das ganz ernst, wenn da ein Schild steht mit dem Satz: »Nur für Frauen, Männer nur mit Sondererlaubnis.« Warum eigentlich nicht?

Die Königin der Schützer ist sehr speziell. Ihr Name lautet Shridevi oder Palden Lhamo. Sie reitet traditionell auf einem wilden Maultier, und wenn man genauer hinsieht, ist da auch die abgezogene Menschenhaut ihres Sohnes, den sie als Reitsattel verwendet. Sie badet in einem Ozean voll Blut und hält ein Zaumzeug, das aus giftigen Schlangen besteht. Sie sieht also ganz und gar nicht aus wie jemand, dem man in dunkler Nacht begegnen wollte.

Als ich in Lahoul war und dort in meiner Höhle in vollkommener Abgeschiedenheit lebte, befand sich auf dem Weg vom Kloster, in dem ich vorher lebte, eine Höhle, zu der ein Weg führte. Um sie auf dem darüberliegenden Hügel zu überqueren, benötigte man ungefähr anderthalb bis zwei Stunden. Es war ein ziemlich großer Hügel. Ein riesiger Hügel mit einer

Höhle in seinem Innern. Oben auf dem Hügel befand sich eine weitere offene Aushöhlung, direkt über der Höhle.

Dies war der Platz, den alle als den heiligen Platz der Palden Lhamo betrachteten. Jeder, der vorbeikam, machte ihr also seine Aufwartung. Die Vorbeikommenden brachten ihr kleine Blumen, die sie auf dem Weg hierher gepflückt hatten, oder Quarzsteine. Es gibt viele Quarze in dieser Gegend, also bot es sich an, auf dem Weg zu dem Platz unterwegs schöne Edelsteine zu sammeln und sie ihr zu opfern. Dadurch befinden sich dort auf dem Hügel kleine Gefäße mit speziellen Steinen und Blumen. Jeder opfert ihr an diesem Platz etwas.

Eines Tages, als ich es wieder zu meiner Höhle hinaufgeschafft hatte, kam ganz plötzlich der Wintereinbruch. Es schneite diesmal viel früher im Jahr als erwartet. Da ich das nicht hatte kommen sehen, führte ich überhaupt keinen Proviant mit mir. Alles, was ich brauchte, befand sich weiter unten im Tal. Doch als es erst einmal zu schneien begonnen hatte, war es dort oben richtig gemütlich. Mit den herabfallenden Schneemassen kam niemand mehr hier hoch, und so wurde dies der Beginn meiner zwölfjährigen Einkehr (meines Retreats). Dennoch musste ich irgendwann durch den Schnee gehen, um meine Vorräte nach oben zu schaffen, aber es war der für mich nötige Impuls gegeben.

Natürlich lebte dort oben niemand außer mir, so abgeschieden ist es da. Der nächste Ort war das zwei Stunden entfernte Kloster. Also lief ich hinunter zu diesem Ort und kam an besagter Aushöhlung auf dem Hügel vorbei. Rechts von dem Stein hatten sich vier Hufschritte im Schnee abgezeichnet. Palden Lhamo reitet auf einem Maulesel! Die Spuren im

Schnee sahen aus wie die Spuren eines Pferds, das auf seinen Vorderhufen aufgestiegen war. Nichts sonst. Keine Fußschritte, keine weiteren Hufspuren, nur diese vier Huftritte rechts von der Aushöhlung. Das muss mir erst mal jemand erklären!

Die Natur Buddhas war eigentlich von jeher sowohl männlich als auch weiblich. Diese innewohnende Natur überschreitet somit jede Geschlechterdiskriminierung. Auch die Natur des Geistes ist weder weiblich noch männlich; auch wir sind, gerade wenn wir uns in tiefer Meditation befinden, in diesem Zustand: weder weiblich noch männlich. Hier transzendiert sich jedes Unterscheidungsvermögen. Nur auf einer ganz einfachen Stufe, uns selbst begreifend, fühlen wir die Abspaltung der Geschlechter. Daher dieses bildhafte Getrenntsein von Mann und Frau. Somit kommt dem Weiblichen eine ganz besondere Qualität zu.

Eines Tages, als ich in Lahoul war und einen der Mönche dort traf, fragte mich dieser, er war ein Lama, was meine spezielle Gottheit sei. Jeder betet eine bestimmte Gottheit an, die dabei auch visualisiert wird. So teilte ich ihm meine spezielle Gottheit mit, und er sagte: »Wozu das denn? Du bist eine Frau, und du solltest keine weibliche Gottheit meditieren. Du solltest dich auf eine männliche Gottheit beziehen. Wir Männer sehen uns als Frauen, ihr Frauen solltet euch als Männer sehen.« Ich habe nie erfahren, ob das stimmt, aber das war seine eigene Vision davon.

Der entscheidende Punkt ist, dass dies alles nichts Künstliches, nichts von uns Fernes ist, gerade für diejenigen, die

Tara und Vajrayogini als Objekte für die persönliche Meditation bevorzugen: Du visualisierst dich letztlich selbst als das Göttliche.

Es ist sehr wichtig, festzustellen, dass wir uns hier selbst mit dem uns innewohnenden Heiligen verbinden. Es geht also nicht um das, was wir als Heiligenbildchen an einer Wand verehren, als etwas anderes, außerhalb von uns selbst wähnen. All diese Reflexionen sind nichts anderes als ein Spiegel unserer eigenen, wahren Natur. Im Geiste haben wir unsere eigene Dualität, also denken wir stets an etwas, das in unserem Außen, und etwas, das in unserem Innern verborgen liegt. In der absoluten Wirklichkeit sind Außen und Innen jedoch keine Unterscheidungsmerkmale mehr, weil sie untrennbar darin miteinander verbunden sind. All diese Symbole dienen letztlich nichts anderem, als das in uns wohnende, geheiligt Weibliche zu erwecken. Selbst wenn wir Männer sind, macht dies keinen Unterschied. Das hier beschreibt nämlich den Aspekt der absoluten Weisheit unseres Bewusstseins.

Im tibetischen Buddhismus ist dies auch deshalb wichtig, weil wir das ganze Sein, auch die Identifikation mit uns selbst und auch mit allem Falschen darin, betrachten, denn wir streben die Rückkehr in unser inneres Geheiligtes an. Und das machen wir, indem wir uns mit dem uns innewohnenden Göttlichen verbinden. Weil wir aber auch alle so verschieden voneinander sind, ziehen uns dementsprechend unterschiedliche Götter an.

Wenn du in einen Supermarkt gehst, kann es sein, dass dort zweiundvierzig verschiedene Arten von Joghurt stehen. Jeder muss einen anderen kaufen, sonst würde es sich für die

Hersteller ja gar nicht lohnen, so viele herzustellen. Manche mögen den Erdbeermix, andere die Naturvariante, wieder andere bevorzugen den besonders cremigen. Aber all dies ist Joghurt. Und dann sind da noch die Veganer. Für die gibt es den Sojajoghurt.

Im Tantrischen herrscht die Idee vor, dass wir im Grunde alle verschieden sind und unterschiedliche Bedürfnisse haben. Manche mögen es, auf besonders friedvolle Art zu meditieren, manche brauchen die Heldenform, manche Menschen bevorzugen die zornige Art. Manche Menschen brauchen eine simple Anbetungsfigur, andere die volle göttliche Form, manche brauchen männliche Gottheiten. Andere wiederum die weiblichen. Auf eine Art scheint der tibetische Buddhismus manchmal auch ein bisschen wie ein gut sortierter Dharma-Supermarkt zu sein. Du hast alles im Angebot und triffst deine eigene Wahl. Dabei ist es doch hochinteressant, dass unterschiedliche Menschen auch von ganz verschiedenen Figuren darin angezogen sind und nicht alle vom selben Abbild.

Verstehen wir also unsere unterschiedlichen seelischen Bedürfnisse und karmischen Verbindungen. Es kann vorkommen, dass du eine Begegnung mit einem Lama hast, und er sagt dir: »Deine Gottheit ist diese oder jene«, und vielleicht ist das eine, von der du bis dahin noch nie gehört hast. Deshalb kann hier wohl niemand von der Projektion der eigenen Wünsche auf diese Gottheit sprechen.

Aber dann gehst du zu einem anderen Lama, und er rät dir dasselbe. Denn es ist so, dass unterschiedliche Menschen karmische Verbindungen haben, die verschiedene Aspekte des erleuchteten Geistes berücksichtigen. Denken wir nur an Dharmakaya, hier ist es ganz einfach – das wahrhaft Absolute ist wie ein sehr, sehr klarer Kristall.

Ließe man in einen dafür geeigneten Raum Licht hineinströmen, entstünden oft die schönsten Regenbogenfarben. Dies ist die Stufe des Sambhogakaya, auf der alle Buddhas und Bodhisattvas erscheinen. Und dann natürlich zudem das, was wir nicht sehen können, weil uns dazu ein letztgültiger, reiner Beweis fehlt: Manchmal manifestieren sie sich auch in menschlicher Gestalt.

Zumindest betrachten wir in der Tradition der Tibeter viele der großen Lamas als Verkörperung jenes Strahlens, von dem eben die Rede war. Unter ihnen als prominentester Vertreter dieser Energie: Seine Heiligkeit der 14. Dalai Lama. Er gilt als die Manifestation des Avalokiteshvara oder Quan Yin beziehungsweise Chenrezig und repräsentiert damit das Mitgefühl aller Buddhas.

Damit haben wir drei verschiedene Ebenen der Erkenntnis: das wahrhaft Absolute, das wie die Luft ist und sich unserer Wahrnehmung entzieht, es ist nicht sichtbar, aber alles durchdringend. Dann gibt es eine weitere Ebene, die sich jenen Menschen zeigt, die Visionen haben. Darin offenbaren sich körperliche Erscheinungsformen der Weisheit und des Mitgefühls als Ausdruck des Lichtes. Wenn sich dies alles uns nicht erschließen sollte, bleibt noch das, was normale Menschen uns lehren, die mit ihrem Mitgefühl auf uns einwirken.

Leider gibt es wenige lehrende Manifestationen des Mitgefühls, die weiblich sind. Das ist eine der Fragen, die sich vor allem Menschen aus dem Westen stellen. Keine Tibeterin und kein Tibeter würden danach fragen: Wenn so viele Praktizierende große Weisheit erlangt haben und großes Mitgefühl, wie ist es dann möglich, dass dabei die Hälfte der Menschheit übersehen werden konnte?

Ich kenne die Antwort nicht. Auch diese Wissenden werden sie nicht kennen. Was ich aber weiß, ist, dass die Zeiten, in denen wir gerade jetzt leben, hochinteressant sind, denn üblicherweise würden diese Lamas in Klöstern Mönche unterrichten. Wie sollte ihnen aufgefallen sein, dass da die Hälfte derer fehlten, die zur Herstellung einer Geschlechtergerechtigkeit notwendig gewesen wären?

Wenn sie jedoch in den Westen kommen, sind sie plötzlich mit einem Publikum konfrontiert, das zur Hälfte weiblich ist. So fragen sich viele plötzlich zum allerersten Mal: Wie kommt es, dass in unseren Tagen die Hälfte aller Dharma-Praktizierenden weiblich ist, wenn es doch als möglichst erstrebenswert gilt, in einem männlichen Körper wiedergeboren zu werden? Selbst Nonnen aus Korea beten dafür, in einem männlichen Körper zurückzukehren. Natürlich steckt dahinter, dass du, solltest du in einen weiblichen Körper hineingeboren worden sein, wenigstens artig betest, auf dass du beim nächsten Mal als Beweis deines Fleißes im jetzigen Leben als Mann zurückkommen kannst.

Damit komme ich zu dem Punkt, an dem mich manchmal wohlmeinende Mönche und andere Menschen auf hinreißende Art fragen, was ich nur im letzten Leben falsch gemacht haben könnte, dass ich in einem weiblichen Körper wiedergeboren wurde. Das versteht man wirklich erst in diesem Moment, denn sie beweisen ja mit der Gesellschaft, die sie mitgeprägt haben, dass ein Leben als Frau so voller Hindernisse ist, denn weder wurden Frauen darin als Praktizierende ernst genommen, noch wurden sie gebildet, sondern umgekehrt ihrer Möglichkeiten beraubt.

Die Frauen, denen ich als Lehrende begegne, sind alle hochgebildet, sie alle haben die Freiheit, das zu tun, woran sie glauben. Sie dürfen lesen, was sie wollen. Sie haben ein enormes Potenzial, das ihnen bis vor Kurzem noch in großen Teilen der Welt abgesprochen wurde. Selbst heute ist es noch so. Etwas anderes ist es jedoch, wenn man das Glück hat, in einer Gesellschaft zu leben, in der Frauen gebildet sind und frei und all das tun und lassen dürfen, was sie wollen. Für den größten Teil der Erde ist das nicht selbstverständlich. In einem großen Teil unserer Welt löst es auch heute noch große Enttäuschung aus, als Frau geboren worden zu sein. Aber wir haben keine Wahl. Wenn wir keine Bildung genießen können, nimmt uns niemand ernst. Das passiert in den Weltgegenden, in denen Frauen im Jugendalter verheiratet werden und keine Freiheit haben. So war es auch in buddhistischen Ländern.

Wir sollten nicht zu romantisch sein, wenn es um Tibet geht. Ich fragte früher einmal meinen Lama, wie es sein könne, dass nur so wenige identifizierte Reinkarnationen der Tulkus oder Yangtses weiblich sein konnten. »Warum kehrt man darin immer als Mann zurück?«, wollte ich wissen. Er jedoch antwortete: »Bei der Geburt meiner Schwester gab es viel mehr Zeichen als bei meiner eigenen Geburt.«

In der tibetischen Tradition kommt es, wenn eine wichtige Wiedergeburt ansteht, zu einer Häufung wichtiger Zeichen, die der Geburt vorausgehen. Zum Beispiel erscheinen Regenbögen, oder Blumen blühen jenseits der Saison ganz plötzlich auf, oder das Wasser in den Kelchen verwandelt sich zu Milch, oder ein besonderer Vogel beginnt ganz plötzlich zu singen. Es gibt diese Zeichen. Viele dieser Zeichen waren da, als die Schwester meines Lamas geboren wurde. Das ist bei Geburten meist sehr einfach. Er sagte, die Menschen waren aufgeregt ob der Zeichen, die sich vor ihrer Geburt ankündigten: »Oh, was wird jetzt wohl passieren?« Und als es dann ein Mädchen war, relativierten sie es, indem sie sagten: »Da haben wir uns wohl getäuscht!« Wäre sie ein Junge gewesen, sagte mein Lama, hätten die Menschen sich sicher bemüht und sehr sorgfältig nachgeprüft, um herauszufinden, mit welchen besonderen Gaben er zur Welt gekommen sei, und dann hätten sie sich ebenso sorgsam darum bemüht, ihm alle Möglichkeiten zu schaffen, um eine gute Ausbildung zu erfahren. Aber weil sie ein Mädchen war, wurde dies alles ignoriert.

Als er mir davon erzählte, war sie gerade verheiratet worden, und natürlich hatte sie keine Bildung genossen. Mein Lama sagte auch, dass das früher so üblich gewesen sei, dass diese Frauen den ihnen vorbestimmten Weg gingen und erst dann, als die eigenen Kinder das Haus verlassen hatten, endlich ihrer Bestimmung folgten und in die Berge hinaufzogen. Dort wurden sie zu Ausübenden und kamen zu großen Erkenntnissen. Aber da sie weder gebildet noch in diese Richtung geschult waren, hatten sie keinen wirklichen Einfluss auf die Gesellschaft.

Mein Lehrer sagte, es habe nicht einmal etwas damit zu tun, ob man männlich oder weiblich wiedergeboren wurde, nur gesellschaftlich war es immer ein großer Nachteil, in einem Frauenkörper reinkarniert zu sein, weil einem damit die Möglichkeiten zu studieren oder zu praktizieren vollkommen versagt waren.

Und so kommt es, dass einerseits die Zuwendung zu Vajrayogini und Palden Lhamo oder Tara sehr groß ist, sich andererseits in dieser Gesellschaft aber dennoch nichts geändert hat am Verhalten Frauen gegenüber.

Das im Tibetischen gebräuchliche Wort für Frau lautet »kyemen«, das bedeutet »mindere Geburt«. Selbst Nonnen wurden nicht ausgebildet. Man sah sie nicht als wichtig an. Aber auch im Westen ist es noch nicht lange her, dass Menschen derart über Frauen dachten. Sie besuchten keine höheren Schulen. Ein Blaustrumpf fand schließlich niemanden, der bereit gewesen wäre, ihn zu heiraten. Noch in der Generation meiner Mutter konnte eine Frau zum Beispiel leicht Krankenschwester werden, aber nur sehr schwer Ärztin. Frauen konnten weder Architektin noch Anwältin werden. Karriere so gut wie ausgeschlossen. Das Äußerste, auf das eine Frau damals hoffen durfte, war, Gouvernante zu sein oder Kindermädchen. Frauen durften auch nicht wählen. Es liegt noch gar nicht lange zurück, dass ihnen das Wahlrecht verweigert wurde.

Wir sollten also lieber den bewertenden Blick auf das rückwärtsgewandte Asien ablegen, denn vor noch nicht allzu langer Zeit waren auch in unserer Heimat die Zeiten für Frauen nicht gerade paradiesisch. Vergessen wir also nicht, dass sich gerade in diesem Moment die Dinge in der tibetischen Gesellschaft zu verändern beginnen. So, wie Mädchen jetzt eine vernünftige Bildung erhalten, wird diese auch den Nonnen zuteil. Sie haben inzwischen sogar die Chance, einen Doktorgrad der Theologie, einen Geshe-Titel, zu erlangen. Frauen debattieren mit, sie holen auf.

Dieses gedankliche Nebengleis wollte ich eigentlich gar nicht eröffnen, aber all dies ist wichtig, weil es auf der den göttlichen Symbolen des Weiblichen gegenüberliegenden Seite steht, auf der Seite der wahrhaften Natur.

Prajnaparamita repräsentiert das absolute Sein, und dennoch wertet sie den Respekt nicht ab, der dem Weiblichen im Alltag gebührt.

Die Frauen unserer Tage haben die Chancen, die ergriffen werden wollen, sie haben all das Potenzial. Natürlich haben wir heute große weibliche Praktizierende. Beispielsweise gibt es auch heute in Tibet noch große Frauenklöster wie eines in Osttibet, an das ich gerade denken muss, in denen die Nonnen regelrecht in Meditationsboxen leben. Sie legen sich niemals hin. Dort leben dreihundert Nonnen. Sie sitzen alle immer aufrecht. Sie sind deshalb große Expertinnen im Tummo oder Bewahren der inneren Hitze. Letztes Jahr begegnete jemand, der mir davon erzählte, achtundsechzig von ihnen. Man bedenke, es war in Tibet, wo alles immerzu gefriert. So sah man diese Frauen nur spärlich bekleidet durch die Kälte gehen, sah sie den Tempel betreten, draußen singen, mit nassen Tüchern bedeckt und nassen Schuhen. Es war so kalt, dass der Dampf von ihren Körpern aufstieg. Doch durch die innere

Hitze, die sie produzierten, machte ihnen das in eisigen Höhen alles nichts.

Letztes Jahr starben zwei von ihnen an Tuberkulose. Eine von ihnen war erst sechsundzwanzig Jahre alt, aber sie blieb noch eine Woche lang nach ihrem eigentlichen körperlichen Tod in Meditation verhaftet. Es gibt sie also, die großen weiblichen Praktizierenden. Zudem gibt es in den Höhen Tibets noch ein Nonnenkloster, in dem siebentausend Nonnen leben. Sie leben dort alle in diesen eigenwilligen kleinen Hüttchen rund um das Kloster. Auf einem dahinter liegenden Hügel graben sie kleine Vertiefungen in den Boden, legen ein Schaffell hinein und setzen sich auf das Fell. Man stelle sich das einmal bildlich vor: all die Köpfe, die aus den Erdlöchern herausschauen, ein bisschen wie Murmeltiere. Murmeltiere, die aus ihren Löchern in den Himmel hinaufblicken.

Selbst heute erleben wir es noch, dass große weibliche Praktizierende nicht ausgebildet sind, obwohl sie große Fähigkeiten besitzen, doch sie haben keine Stimme, sie mögen keine Bücher, sie gehen nicht auf Dharma-Schulungen. Sie praktizieren und verwirklichen sich und unterrichten einander. Aber durch ihren Mangel an Bildung besitzen sie nicht das geringste Bewusstsein dafür, wie viel mehr Einfluss sie außerhalb ihrer Gemeinschaften ausüben könnten.

Aus diesem Grunde unterrichten wir heute Nonnen, auf dass sie das Vokabular erhalten, das ihnen ihre Erfahrung bewusst macht und sie anschließend anleiten möge, diese Erfahrungen zu beschreiben. Wir hoffen auf die Zukunft und darauf, dass in ihr mehr Frauen unterrichten, auch weil in der tibetischen Tradition bislang viel zu wenige weibliche Lehrer existieren.

Und so wie es aussieht, schreitet die Transformation nun auch in Richtung Westen voran.

Die Praxis ruft!

KAPITEL 7

Zehn praktische Übungen, um ein besserer Mensch zu werden

Kelsang Wangmo berichtete in ihrer Unterweisung im Frankfurter Tibethaus davon, wie sie in Tushita einmal für einen hohen Lama übersetzen musste, dem ein Mann aus dem Westen eine Frage stellte, die mit seinem eigenen Selbsthass zu tun hatte. Er wollte gern wissen, wie er besser damit umgehen könne. Selbsthass ist ein Wort, das es im Tibetischen nicht gibt, und bei dessen Übersetzung der Lama die deutschstämmige Geshe verständnislos anschaute. Das Konzept des Selbsthasses ist dem Buddhismus fremd. Und deshalb soll es hier in den folgenden Übungen unter anderem um das Erlernen der Selbstliebe gehen.

Die folgenden Übungen sind für zehn Tage gedacht, an denen wir sie vertiefend in unser Leben integrieren.

1. Dankbar sein

Wofür kannst du dankbar sein? Schreibe die fünf Dinge in deinem Leben auf, für die du dankbar bist. Versuche, im Lauf des Tages kleinere Dankbarkeitsübungen einzubauen.

Dankbarkeit ist heute das Thema. Wofür kannst du noch dankbar sein, ohne dass es dir bislang bewusst war? Liebe? Essen? Oder um bei Kelsang Wangmos Beispiel aus dem Interview mit ihr zu bleiben: Wer hat eigentlich alles dafür gearbeitet, dass du die Tasse Kaffee oder Tee am Morgen trinken konntest? Wer hat diesen Kaffee geerntet und die Pflanze veredelt, die Kaffeebohnen kraftvoll in Säcken gestapelt, bis das leckere Gebräu in deiner Tasse landete? Es fühlt sich gut an, an den Menschen zu denken, der die Kaffeebohnen für uns am anderen Ende der Welt pflückte und stapelte, und ihm einen inneren Dank zu senden.

2. Achtsamkeit

Woher kommen Wut, negative Gedanken und Unzufriedenheit in deinem Leben? Hasse dich nicht selbst für negative Gedanken! Jeder Mensch hat rund siebzigtausend Gedanken am Tag, da wird schon mal das eine oder andere Negative dabei sein, oder?

Hier die Übung: Schicke jedem negativen Gedanken auf der Stelle einen positiven hinterher, wenn du dich selbst dabei ertappst, etwas negativ in deinem Kopf zu bewerten oder dir für die Zukunft vorzustellen.

3. Wunder

Wunder? Klingt wie aus dem Märchen, oder? Dann schließe einfach mal ein paar Atemzüge lang die Augen, atme tief in deinen unteren Bauch. Steh ruhig gerade dabei oder sitz aufrecht, der Atem soll ja auch überall hinkommen.

Wenn du die Augen wieder öffnest, schau zum Himmel. Sollte da eine schöne Wolke sein? Ist das ein Kinderlachen, das von draußen zu dir dringt? Fliegt gerade ein besonderer Vogel an deinem Fenster vorbei? Hörst du ein Geräusch, das du magst? Such dir etwas, an dem du dich mindestens eine Minute lang erfreuen kannst … Es darf auch ein Hupkonzert sein, das endlich aufhört! Oder die Autoalarmanlage des Typs von nebenan, die schon wieder losging, als du eigentlich meditieren wolltest. Dieser Moment, wenn die verflixte Alarmanlage aufhört laut zu heulen, genau: Dieser Moment ist es! Ein Wunder! Wenn du dir bewusst machst, dass es Wunder gibt, werden sie dich finden. Versprochen!

Am Abend vergegenwärtige dir, welcher dein wundervollster Moment an diesem Tag war.

4. Sich mit anderen freuen

Diese Übung geht so: Kennst du Neid? Was neidest du jemand anderem, was hättest du gern, das ein anderer hat? Schließ die Augen und stell dir das Objekt oder die Eigenschaft des anderen vor. Sieh dir seine/ihre Freude an, lehn dich zurück, betrachte diese Freude in Ruhe, genieß sie einen Moment lang und beobachte dich dabei, wenn du dir erlaubst, dich für den anderen zu freuen! Diese Übung ist in der Praxis leichter und macht glücklicher, als du denkst.

5. Ein Mantra für den Tag

Anstatt ein wenig naiv darauf zu hoffen, dass der Tag gut werden möge, bestimme einfach selbst, was du von diesem Tag erwartest, welches dein persönliches Mantra dafür ist. Denk dir eine positive Affirmation für diesen Tag aus. Bevor du mit der Übung beginnst, denk an die Frau aus der Kelsang-

Wangmo-Geschichte aus Indien, die es zuließ, dass der Mann mit dem Gips sein verletztes Bein während der Nachtfahrt auf ihres legte, damit es ihm besser ging. Manchmal ist es so einfach, Gutes zu tun. Es beginnt damit, anderen die Tür aufzuhalten, den, der am Wegesrand liegt, zu fragen, ob du ihm helfen kannst. Und jetzt die Übung. Hier einige Vorschläge:

- Heute möchte ich nur friedvoll mit den Menschen umgehen, die mir begegnen.
- Alle meine Aktionen sollen anderen heute nur Gutes bringen.
- Ich werde heute einen Tag lang die Menschen, die mir begegnen, nicht bewerten.
- Dieser Tag bringt mir Segen.

6. Vergeben / Ärger besiegen

Heute ist der Tag, an dem du einem ganz bestimmten Menschen etwas vergibst. Denk an eine Kränkung, die dir widerfahren ist, und beweg in deinem Herzen, ob du dem Menschen, der dir Böses angetan, dich beschimpft oder schlecht über dich gesprochen hat, nicht verzeihen willst.

Bei der Übung sitzen wir in einem bequemen Sessel oder auf einem Stuhl und atmen eine Minute lang entspannt in unseren Unterbauch. Dann legen wir eine flache Hand aufs Herz, lassen sie einen Moment dort ruhen und sagen laut den Namen des Menschen, dem wir verzeihen, und warum wir das tun. Du darfst dir bei dieser Übung Zeit lassen und wirst dich wundern, wie gut es tut, eine alte Wunde zum Heilen zu bringen.

7. Liebevolles Zurückblicken

Gibt es etwas, auf das du zurückblicken möchtest und für das du dich noch nicht bedankt hast? Schreib einem Menschen einen kleinen Brief (den du nicht abschicken musst) und danke ihm für eine Tat oder Worte, die dein Leben positiv beeinflussten. Das kann sogar die alte Grundschullehrerin sein, die eine Leidenschaft oder ein Talent in dir erkannte, bevor es die anderen sahen.

8. Ein Brief an dich selbst

Schreib einen Brief an dein Ich in zehn Jahren. Wer willst du in zehn Jahren sein – und was rätst du dir selbst voller Liebe? Was wolltest du dir immer schon sagen – und wie stellst du dir dein Leben in zehn Jahren vor? Du darfst den Brief selbstverständlich auf Wiedervorlage in zehn Jahren legen! Zusatztipp bei Problemen im Jetzt: Welche Bedeutung wird dieses Problem in zehn Jahren noch haben?

9. Sich selbst verzeihen

Gibt es etwas, das du dir selbst nie verziehen hast? Bist du sicher, dass das richtig war? Hat vielleicht etwas, das du bislang negativ gesehen hast, viel mehr Sinn gemacht, exakt so wie es geschah? Verzeih dir heute etwas aus der Vergangenheit und sprich ruhig ein oder zwei Sätze laut dazu. Du kannst dich sogar vor den Spiegel stellen und es dir ins Gesicht sagen.

10. Der wohlwollende Blick

Meine momentane Lieblingsübung: Dein Gegenüber war in einem früheren Leben einmal deine Mutter. Wie siehst du ihn/ sie nun an? Eine Übung mit unglaublichen Effekten für dich selbst! Allein die Fantasie, dass der ungehobelte Kioskbesitzer, der dich nervt, oder der fiese Typ, der dich zu Unrecht vor Gericht zog, in einer anderen Reinkarnation mal deine Mutter gewesen sein könnten, ist kaum vorstellbar, oder?

Das stimmt milde, und wenn gar nichts hilft, freu dich daran, dass du diesen Menschen in diesem Leben nicht mehr als Mutter haben musst. Es geht immer weiter. Auf zur nächsten Inkarnation! Und denk daran, dass du sie dir durch dein jetziges Handeln verdienen kannst! Wer will schließlich schon als Stinkstiefel wiedergeboren werden?

Glossar

Abhängigkeit, Entstehung der Abhängigkeit
Lehrsatz: Alles existiert nur als Ansammlung von Ursachen und Umständen. Nichts besteht unabhängig für sich. Eine der fundamentalsten Lehren des Buddhismus, die sich mit Ursache und Wirkung befasst und damit insgesamt zwölf Glieder des abhängigen Entstehens gestaltet. Darunter versteht man eine Kausalkette, die beschreibt, wie das Leid aus Unwissenheit entsteht und wie dieses Nichtwissen weiter auf unser Denken und Handeln einwirkt. Die Kausalkette umfasst sowohl Körperliches als auch Geistiges, das sich gegenseitig durchdringt.

Avalokiteshvara
Meditationsgottheit, die das Mitgefühl aller Buddhas repräsentiert.

Bhiksuni
Vollordinierte buddhistische Nonne.

Bodhichitta
Auf der relativen Ebene der Wunsch, Erleuchtung zu erlangen. Auf der absoluten Ebene das Begreifen aller Erscheinungen und Phänomene (in der Natur zum Beispiel).

Bodhisattva
Jemand, der sich auf dem Weg zur Erleuchtung befindet und alle Wesen aus dem Kreislauf von Leben und Tod befreien möchte.

Buddha

Eigentlich ist damit Shakyamuni Buddha gemeint, der vor zweitausend-fünfhundert Jahren der Begründer der Religion war; aber Buddha be-zeichnet auch jede/n, der/die vollständige Erleuchtung erlangt hat.

Chakra

Mit Chakra (Mehrzahl: Chakren) werden die Energiezwirbel oder -zen-tren bezeichnet, die den physischen Körper mit dem feinstofflichen Körper (Astralleib) des Menschen durch Energiekanäle verbinden. Es werden im Allgemeinen sieben Hauptchakren unterschieden. Jedes Chakra schwingt in einer seiner Aufgabe entsprechenden Grund-farbe und steht mit bestimmten Organen und Körperbereichen in Verbindung.

Dakini

Eine Dakini ist die weibliche Verkörperung von Weisheit und führt Aktivitäten durch, die von Erleuchtung zeugen. Im Tibetischen sind dies weibliche Gottheiten, die der buddhistischen Lehre und denen, die ihr dienen, Schutz bieten.

Dharma

Dharma ist ein zentraler Begriff aller indischen Religionen. Er steht für die Wahrheit, den Pfad der Erleuchtung und verschiedene Daseins-formen. Es ist im weiteren Sinne die Lehre des Buddhismus, kann aber als Begriff auch für Phänomene oder mentale Objekte stehen.

Dharmakaya

Die ultimative Natur des vollkommen erleuchteten Geistes.

Feinstofflicher Körper

Der feinstoffliche Körper ist der Teil unseres Seins oder Bewusstseins, der sich zum Zeitpunkt unseres Todes von unserem physischen Körper trennt. Er besteht aus dem Mentalkörper, dem Kausalkörper oder Intel-lekt, dem Suprakausalkörper oder Ego und der Seele. Was zum Zeitpunkt unseres Todes zurückbleibt, ist unser physischer Körper. Die Vitalenergie geht zurück ins Universum.

Gelug

Die Gelug-Schule (auch: Ganden-Tradition) ist die jüngste der vier Hauptschulen (Nyingma, Sakya, Kagyü und Gelug) des tibetischen Buddhismus. Die Anhänger dieser Schule werden als Gelugpa bezeichnet. Die Schule wird auch als »Weg der Tugendhaften« bezeichnet.

Gelugpa

Anhänger der Gelug-Schule. Auch der Dalai Lama gehört ihr an.

Geshe

Bezeichnung für einen buddhistischen Gelehrtengrad im tibetischen Buddhismus. Ein Doktor der Metaphysik. Ein Geshe hat das Wissen des Buddhismus studiert und ist ein Spezialist für Logik, Texte, Rituale und korrekte Abläufe; Geshes sind die Hüter des buddhistischen Wissens. Ein Geshe ist ein Gelehrter, kein spiritueller Meister (Lama).

Guru

Religiöser Titel für einen spirituellen Lehrer, der seinen Schülern die Natur des Geistes erklärt. Im Buddhismus ist Guru weitgehend gleichbedeutend mit Lama, wobei ein Guru sich selbst nie diese Bezeichnung gibt.

Jetsunma

Weiblicher tibetischer Ehrentitel, der »Die Ehrwürdige« bedeutet.

Kagyü

Eine der vier Hauptrichtungen des tibetischen Buddhismus.

Karma

Spirituelles Konzept, nach dem jede Handlung – physisch wie geistig – unweigerlich eine Folge nach sich zieht. Diese Folge muss nicht unbedingt im gegenwärtigen Leben wirksam werden, sondern sie kann sich auch erst in einem zukünftigen Leben manifestieren. Die Lehre des Karma ist eng mit dem Glauben an den Kreislauf der Wiedergeburten verbunden und damit an die Gültigkeit des Ursache-Wirkung-Prinzips.

Lama

Spiritueller Lehrer und Meister, der die Phänomene in der Natur des Geistes aufzeigt. Im Buddhismus ist Lama weitgehend gleichbedeutend mit Guru.

Leerheit

Der Begriff Leerheit (Shunyata) ist ein zentraler buddhistischer Begriff und bedeutet, dass alles leer und frei von Dauerhaftigkeit ist. Er verweist auf die Substanzlosigkeit aller Phänomene infolge ihrer Abhängigkeit von bedingenden Faktoren: ihrem bedingten Entstehen.

Mantra

Ansammlung gesegneter Silben, die rezitiert werden und die Meditation beschleunigen.

Nyingma

Eine der vier Hauptrichtungen des tibetischen Buddhismus.

Pramanavarttika

Der Teil der Lehren Buddhas, in dem die Vier Edlen Wahrheiten enthalten sind:
1. Die Edle Wahrheit über das Leiden
2. Die Edle Wahrheit über die Entstehung des Leidens
3. Die Edle Wahrheit über die Beendigung von Leiden
4. Die Edle Wahrheit über den Pfad der Ausübung, der zur Beendigung des Leidens führt.

Puja

Bedeutet in etwa »Verehrung« oder »Ehrerweisung«. Die Puja gehört als Ritual zu den wichtigsten Bestandteilen des buddhistischen Alltags. Religiöses Ritual, das auch eine Opfergabe beinhalten kann.

Rime

Bezeichnet eine gruppenübergreifende, ökumenische Bewegung innerhalb des tibetischen Buddhismus. Der Begriff wurde zum Synonym für
eine unvoreingenommene, nicht sektiererische Einstellung gegenüber
allen Lehren aller Schulen des Buddhismus.

Rinpoche

Ehrentitel für einen tibetischen Lehrer. Hauptsächlich gebräuchlich für
Personen, die als Wiedergeburt eines früheren Meisters anerkannt sind.

Sakya

Eine der vier Übertragungslinien des tibetischen Buddhismus.

Sambhogakaya

Sambhogakaya bezeichnet den Freudenkörper, Genusskörper oder Körper der Glückseligkeit. Er ist die Grundlage für eine umfassende Einsicht in die Natur des Geistes. Dieser Leib der Vollendung ist es, den
Buddha nach seiner Erleuchtung erlangte. Danach konnte er nicht mehr
in seiner irdischen Inkarnation wiedergegeben werden. Er kann nur
von Menschen wahrgenommen werden, die über einen höheren Grad
von Bewusstsein oder Hellsichtigkeit verfügen.

Sangha

Die Gemeinschaft der buddhistischen Praktizierenden. Abhängig von
der jeweiligen buddhistischen Tradition und Schulrichtung sind damit
entweder die Buddhismus Praktizierenden im Allgemeinen gemeint
oder ausschließlich die buddhistischen Ordensangehörigen: Mönche
und Nonnen.

Schützer

Schützer gelten als Hilfsmittel der Befreiung im Buddhismus. Sie sollen
den Pfad der Erleuchtung schützen und drücken sich nicht nur äußerlich in Formen und Figuren aus, die uns vor äußeren Feinden schützen,
sondern sie repräsentieren als diese Plastiken/Skulpturen auch den

Schutz vor den »inneren Feinden«, also Störgefühlen wie Zorn, Dummheit, Eifersucht und Stolz. Sie helfen dabei, unsere Emotionen zu befrieden und zu kontrollieren.

Sutras

Die Lehrreden Buddhas, die zunächst mündlich weitergegeben und erst viel später aufgezeichnet wurden.

Tantra

Bedeutet wörtlich übersetzt (Gyud) »Kontinuität« und steht für die wahre Buddha-Natur. Tantra ist in seinem eigentlichen Sinne eine Kategorie esoterischer Texte und Praktiken, die in den ersten Jahrhunderten nach Christus in Indien auftauchten und die den Weg von der Unwissenheit bis zur Erleuchtung bezeichnen. Im Hinduismus und Buddhismus helfen im Tantra bestimmte Strömungen (die nur Eingeweihte unterrichten), den Prozess zur Erleuchtung zu beschleunigen. Tantra ist im Tibetischen ein Bestandteil des Mahayana-Buddhismus, dessen Philosophie es transportiert.

Tara

Eine weibliche, friedvolle Manifestation erleuchteter Weisheit. Wird auch als weiblicher Buddha und als Befreierin bezeichnet.

Die Grüne Tara (verkörpert den aktiven Aspekt des Mitgefühls) und die Weiße Tara (verkörpert den Aspekt des langen Lebens) sind die bekanntesten Formen.

Tertön

Offenbarungspredigerinnen und Schatzfinderinnen von lange verborgen gebliebenen Texten im tibetischen Buddhismus.

Theravada

Die Tradition der Ältesten, die älteste noch existierende Schultradition des Buddhismus. Sie führt ihre Abstammung auf die ersten Anhänger des Buddha zurück. Die Tradition ist heute vor allem in Südostasien verbreitet.

Togden / Togdenma

Männliche und weibliche Praktizierende des Tantra, die sich als Yogi verwirklicht haben und die in der tibetischen Kagyü-Tradition in Höhlen lebten und die Träger geheimen Wissens sind.

Tulku

Ein aus einem Buddha Hervorgehender. Damit ist auch die Wiedergeburt eines fortgeschrittenen Meisters gemeint.

Tummo

Tibetisch »gtum mo«. Die Technik der »inneren Hitze« oder Erleuchtung durch das innere Feuer ist eine Fortgeschrittene yogische Technik.

Yoga

Im Tibetischen meint dies eine Meditationspraxis, in der der/die Praktizierende mit dem Geistesstrom des Lehrers/der Lehrerin verbunden ist.

Yogi

Ein intensiv geistige und körperliche Meditationen Praktizierender.

Zen

Schule des Mahayana-Buddhismus.

Anmerkungen

KAPITEL 1

»Buddhistin sein bedeutet, heimatlos zu werden.«
Frauen in der buddhistischen Welt

1 Pema Chödrön: »Beginne, wo du bist. Eine Anleitung zum mitfühlenden Leben«. Bielefeld 2014.

2 Pema Chödrön: »Den Sprung wagen: Wie wir uns von destruktiven Gewohnheiten und Ängsten befreien«. Göttingen 2010.

3 The Tricycle Foundation: »Pema Chödrön im Gespräch mit Helen Tworkov«. In: Tricycle, Conversations No. 1, 1993.

4 Tenzin Palmo: »Weibliche Weisheit vom Dach der Welt«. Freiburg 2002, S. 10.

5 ebd.

6 ebd.

7 Carola Roloff (2014): »Interreligious Dialogue in Buddhism from a Gender Perspective.« In: Wolfram Weiße; Katajun Amirpur; Anna Körs & Dörthe Vieregge (Hrsg.): *Religions and Dialogue. International Approaches* [Religions in Dialogue, Series of the Academy of World Religions, 7]. Münster, New York, München, Berlin: Waxmann.
Carola Roloff (2015): »Geschlechterkonstruktionen und Geschlechterverhältnisse in buddhistischen Traditionen.« In: Thorsten Knauth & Martin Jochimsen (Hrsg.): *Einschließungen und Ausgrenzungen. Zur Intersektionalität von Religion, Geschlecht und sozialem Status für religiöse Bildung.* Münster, New York, München, Berlin: Waxmann.

8 Dalai Lama im Juni 2016 auf einer Konferenz des United States Institute of Peace im amerikanischen Washington DC. Transkript von Anne Siegel.

9 Pressemitteilung Tibetisches Zentrum Hamburg, 2014.

KAPITEL 2
»Kerstin lebt jetzt in Dharamsala!«
Kerstin Brummenbaum wird als Kelsang Wangmo zur ersten Geshe des tibetischen Buddhismus

1 Kelsang Wangmo im Tibethaus Frankfurt/Januar 2016. Unterweisungen in der Folge von Lama Tzong Khapas Abklärung der Intention. Transkript Anne Siegel.

KAPITEL 3
»Lass uns über Glück und Gelübde sprechen!«
Ein Gespräch mit Kelsang Wangmo

1 Anne Siegel: Interview mit Geshe Kelsang Wangmo, Februar 2016.

KAPITEL 4
»Wie ich zur Geshe wurde.«
Aus einer Unterweisung Kelsang Wangmos in London

1 Kelsang Wangmo: »How I became a Geshe«, Vortrag, London 2014. Transkript Anne Siegel.

KAPITEL 5
Volle Nonnenordination und Geschlechtergerechtig-
keit und Kelsang Wangmo als erste weibliche Geshe –
Paradigmenwechsel im Buddhismus?
Ein Gespräch mit Bhiksuni Jampa Tsedroen (Carola Roloff)
über den Aufbruch der Frauen im modernen Buddhismus

1 Anne Siegel: Interview mit Bhiksuni Jampa Tsedroen, August 2016.

KAPITEL 6
Das geheiligt Weibliche im tibetischen Buddhismus
Eine Unterweisung von Jetsunma Tenzin Palmo (Diane Perry)
über Göttinnen und heilige Frauen

1 Jetsunma Tenzin Palmo, Dongyu Gatsal Ling, August 2016
  Übersetzung aus dem englischen Original: Anne Siegel.

Literaturverzeichnis

Alt, Franz (Hrsg.): »Der Appell des Dalai Lama an die Welt. Ethik ist wichtiger als Religion.« Benevento 2015.

Amerikanische Unabhängigkeitserklärung, United States National Archives, 1776.

Buddhist Resource Center – Katalog, Seattle (www.tbrc.org).

Buckley, Michael: »Meltdown in Tibet«. Palgrave Macmillan Publishers, 2014.

Chögyam Trungpa Rinpoche, Maitreya IV, »The Feminine Principle, Hinayana Mahayana Seminary Transcripts«. Boulder 1974.

Dalai Lama: »Von hier zur Erleuchtung. Die zeitlose Weisheit des großen tibetischen Weisen Tsong-kha-pa, erklärt für das Leben in der modernen Welt«. München 2013.

Dalai Lama: Rede in Washington am 13. Juni 2016: »A Peaceful Mind in a Modern World«. Washington DC.

Das Tibetische Totenbuch, München 2008.

David-Néel, Alexandra: »Die Geheimlehren des tibetischen Buddhismus«. Berlin 2012.

David-Néel, Alexandra: »Mein Weg durch Himmel und Höllen«. Frankfurt/M. 2004.

Davidson, Richard: »Buddha's Brain – Neuroplasticity and Meditation«. In: IEEE Process Magazine, US National Library of Medicine, Washington 2008.

Erik Pema Kunsang: »Die Geheimen Dakini-Lehren, Padmasambhavas, mündliche Unterweisungen der Prinzessin Tsogyal«. Berlin 2011.

Goleman, Daniel: »Dalai Lama. Die Macht des Guten. Seine Vision für die Menschheit«. München 2015.

Haas, Michaela: »Dakini Power«. München 2013

Harrer, Heinrich: »Sieben Jahre in Tibet, Mein Leben am Hofe des Dalai Lama«. Berlin 1997.

Kornfield, Jack: »The Wise Heart«. New York 2009.

Lama Yeshe: »Making the Most of Your Life, Freedom Through Understanding«. Teachings im Royal Holloway College. Lama Yeshe Wisdom Archive, Nepal 1975.

Lama Yeshe & Lama Zopa Rinpoche: »Buddhismus für Anfänger, Eine Einführung in die Philosophie und Praxis«. München 2014.

Lobsang P. Lhalungpa: »Heiliger Raum«. Leipzig 1990.

McDonald, Kathleen: »How to Meditate«. Boston 1984 und 2005.

Mohr, Thea, Jampa Tsedroen: »Die Erneuerung buddhistischer Nonnenorden«. Berlin 2011.

Pema Chödrön: »Comfortable With Uncertainty«. Boston & London 2008.

Pankaj Mishra: »The Last Dalai Lama?«. New York Times, 1.12. 2015.

Roloff, Carola (zusammen mit K. Amirpur, T. Knauth & W. Weiße): »Perspektiven dialogischer Theologie. Offenheit in den Religionen und eine Hermeneutik des interreligiösen Dialogs«. Münster, New York 2016.

Roosh, Eleanor: »Psychologie des Buddhismus«. University of California, Berkeley, Sommersemester 2008, Transkript Anne Siegel.

Schäfer, Ernst: »Fest der weißen Schleier. Eine Forscherfahrt durch Lhasa, der heiligen Stadt des Gottkönigtums«. Wiesbaden 1952.

Schwabe, Liesl: »Are we there yet?«. Tricycle Foundation 2016.

Siegel, Anne: Interview mit Heinrich Harrer. Frankfurt/M. im Oktober 1997.

Simmer-Brown, Judith: »Dakini's Warm Breath«. Boston & London 2001.

Sontag, Susan: »The Doors und Dostojewski«. Das Rolling-Stone-Interview mit Jonathan Cott, Hamburg 2015.

Statistiken zur Okkupation und Zerschlagung der tibetischen Kultur: Deutsch-Indische Gesellschaft 1969.

Togden Yogi Achos in »When The Iron Bird Flies«, Film von Victress Hitchcock, 2012.

Tsültrim Allione: »Tibets weise Frauen, Zeugnisse weiblichen Erwachens.« München 2010.

Thubten Chodron: »Don't Believe Everything You Think«. Boston & London 2012.

Young, Jeffrey S./Jobs, Steve: »The Journey Is The Reward«. Scott, Foresman and Company 1988.

Personenverzeichnis

Geshema-Ma Kelsang Wangmo (Kerstin Brummenbaum)
wurde als Kerstin Brummenbaum in Deutschland, im Rheinland, geboren und 1991 in Nordindien zur tibetisch-buddhistischen Nonne ordiniert. Sie studierte am Institute of Buddhist Dialectics in Dharamsala siebzehn Jahre lang tibetisch-buddhistische Philosophie und war nicht nur die erste Frau weltweit, die dieses Studium abschloss, sondern wurde (zu ihrer eigenen Überraschung) auch als erste Frau der Welt zur offiziellen tibetischen Gelehrten, einer Geshe, ernannt. Sie lebt und arbeitet in Dharamsala und unterrichtet auf der ganzen Welt.

Bhiksuni Jampa Tsedroen (Dr. Carola Roloff)
wurde 1981 Novizin und 1985 in Taiwan vollordiniert. Sie studierte tibetisch-buddhistische Philosophie, Tibetologie und Indologie und arbeitet seit 2013 als Leitende Wissenschaftlerin im Bereich Dialogische Theologie und Gender in der Akademie der Weltreligionen der Universität Hamburg. Sie wurde 2009 promoviert und leitete von 2010 bis 2017 ein Forschungsprojekt der Deutschen Forschungsgemeinschaft zur Nonnenordination. Weitere Forschungsschwerpunkte sind Buddhismus und Dialog in der Moderne und Frauen- und Menschenrechte im Buddhismus.

Jetsunma Tenzin Palmo (Diane Perry)
Tenzin Palmo wurde 1943 in London als Diane Perry geboren und wurde Bibliothekarin. Im Alter von zwanzig Jahren reiste sie (einem in-

neren Ruf folgend) nach Indien, wo sie als eine der ersten Frauen überhaupt aus dem Westen in einem tibetischen Kloster als Nonne ordiniert
wurde. Nachdem sie zwölf Jahre lang unter anderem bei ihrem Lehrer
Khamtrul Rinpoche studiert hatte, unterzog sie sich in einer winzigen
Höhle im Himalaya, an der Grenze zu Tibet einer strengen spirituellen
Praxis und meditierte dort in vollkommener Abgeschiedenheit weitere
zwölf Jahre.

Im Jahr 2000 gründete sie (nach einem Intermezzo in Italien, wo sie
an buddhistischen Zentren lehrte) das inzwischen prominente Nonnenkloster Dongyu Gatsal Ling in Himachal Pradesh. 2008 wurde ihr der
buddhistische Titel »Ehrwürdige Meisterin« (Jetsunma) verliehen.

Dank

Mein innigster Dank gilt Seiner Heiligkeit dem 14. Dalai Lama, dessen Vorwort mir nicht nur eine große Ehre, sondern eine wahre Freude ist. Möge sein Wirken die Geschlechtergerechtigkeit im tibetischen Buddhismus weiter beflügeln.

Großer Dank gilt der Ehrwürdigen Geshe Kelsang Wangmo.

Obwohl es in ihrem Alltag als tibetisch-buddhistische Gelehrte ganz unüblich ist, öffnete sie sich und ihr Leben und gestattete mir einen Einblick in eine für Westler noch immer sehr fremde und faszinierende Welt auf eine Weise, die weit über das hinausging, was zwischen uns bis dahin üblich war.

Danke an die Ehrwürdige Dr. Bhiksuni Jampa Tsedroen (Carola Roloff), eine der brillantesten Übersetzerinnen tibetischer Weisheit und des Wissens im Westen. Mit ihrer ansteckenden Freude und ihrem Engagement verkörpert auch sie für mich eine der modernen tibetischen Nonnen des 21. Jahrhunderts, die Seine Heiligkeit so treffend im Vorwort einführt.

Eine der mutigsten und inspirierendsten Frauen des tibetischen Buddhismus machte mir ein großes Geschenk für dieses Buch, indem sie mir ein ganzes Kapitel schenkte.

Die große Jetsunma Tenzin Palmo ist für mich einzigartig in ihrer Verve und Konsequenz, ihrem Glauben zu folgen und uns darin ein Vorbild zu sein. Sie ist dies auch, weil sie ihr ganzes Sein der Transformation einer der spannendsten Religionen widmet. Ihr Wirken ist für mich einzigartig.

Danke an meine Lektorin Antje Steinhäuser und meinen Verleger Dirk Rumberg, vor allem aber meinen Agenten Klaus Altepost, ohne dessen innovative Kraft dieses Buch nie entstanden wäre.

Im Tibetischen ist besonders die Mutter heilig und so möchte ich die Mutter Kelsang Wangmos mit in meinen Dank einschließen, Marlies Brummenbaum.

Du gabst den ersten Impuls.